1. Teisolle

Historia didáctica y ejemplar de la literatura española

Mai
2010

D1726909

Historia didáctica y ejemplar de la literatura española

Caroline Nolte

Mai
2010

Carpe diem – sapere aude.
(Horaz)

Hans Christian Lindau

■ **Historia didáctica y ejemplar de la literatura española**
épocas – géneros – autores – obras

Schmetterling Verlag

Bibliografische Informationen *Der Deutschen Bibliothek*
Die Deutsche Bibliothek verzeichnet diese Publikation in
der Deutschen Nationalbibliografie;
detaillierte Daten sind im Internet über http://dnb.ddb.de abrufbar.

Schmetterling Verlag GmbH
Lindenspürstr. 38 b
70176 Stuttgart
www.schmetterling-verlag.de
Der Schmetterling Verlag ist Mitglied von aLiVe.

ISBN 3-89657-768-9
1. Auflage 2009
Alle Rechte vorbehalten
Fotografien: Hans Christian Lindau
Satz und Reproduktionen: Schmetterling Verlag
Druck und Binden: Interpress, Budapest

■ Índice

■ Prefacio

Wer über die Geschichte der spanischen Literatur schreibt, sieht sich konfrontiert mit einer Reihe von Fragestellungen nach Ordnungskriterien, Periodisierungen, Epochenkonzepten, historisch relevanten Rahmendaten, ästhetischen Kategorien, sprachlichen Abgrenzungen, der Auswahl von Autoren und Werken, themenorientierten, motivgeschichtlichen und gattungstheoretischen Aspekten.

Er will die Gleichzeitigkeit des Ungleichen kohärent darstellen, objektiv bleiben und wählt doch subjektiv aus, setzt Schwerpunkte nach persönlichen Präferenzen und gibt eine literarhistorische Kontinuität vor, die eigentlich gar nicht existiert, gleichwohl aber durch die Geschichte der Literaturgeschichtsschreibung seit dem 19. Jahrhundert immer wieder suggeriert wird als Folge eines festgeschriebenen Autoren- bzw. Werkekanons.

Kann man also überhaupt die Geschichte der spanischen Literatur schreiben, noch dazu auf ca. 100 Seiten? Die Antwort kann nur lauten: nein, man kann lediglich eine von vielen möglichen schreiben. In der vorliegenden *Historia didáctica y ejemplar de la literatura española* wird der Versuch unternommen, mit der Prämisse der didaktischen Reduktion einen zielsprachigen Überblick über die wesentlichen Epochen, Gattungen, Autoren und Werke zu verschaffen – aller Unzulänglichkeiten eingedenk, die bis heute auch in der einschlägigen Fachdisziplin nicht zufriedenstellend gelöst worden sind.

Ich danke Frau Mónica Abilleira ganz herzlich für ihre sehr sorgfältige Durchsicht des Manuskripts.

Wuppertal, im Juni 2009   Hans Christian Lindau

Mosaico de azulejos en la Alhambra (Granada)

La literatura nos enseña a mirar dentro de nosotros
y mucho más lejos del alcance de nuestra mirada.
Es una ventana y también un espejo.
Quiero decir: es necesaria.

Antonio Muñoz Molina, 1990

La estatua fúnebre del Doncel de Sigüenza (Guadalajara), paje de Isabel de Castilla

1. La Edad Media

En este capítulo vamos a aprender:
- los datos básicos de la historia y cultura medievales
- las manifestaciones tempranas de distintos géneros literarios
- tres obras principales de la Edad Media:
  - el *Cantar de Mio Cid*
  - Jorge Manrique: Las *Coplas a la muerte de su padre*
  - Fernando de Rojas: *La Celestina*

■ Introducción

Como Edad Media se suele denominar en España la época que abarca los más de **Época histórica**
mil años entre el fin del **Imperio Romano** en el siglo V y la unificación de los
reinos cristianos bajo los **Reyes Católicos** (1479–1516).

Es una época muy heterogénea que incluye tanto el reino de
los **visigodos** (desde el siglo V hasta principios del siglo VIII)
como la **invasión árabe** en el año 711 y la extensión del **poder
musulmán** en las décadas siguientes. Además comprende el periodo de la llamada **convivencia** de las culturas árabe, judía y
cristiana y finalmente la fase de la **Reconquista**. Ésta termina
con la expulsión de los árabes y judíos después de la toma de
Granada en **1492**, un año sumamente simbólico de la historia de
España en el cual **Cristóbal Colón** –no en último lugar gracias
al apoyo de **Isabel de Castilla**– logra «descubrir» las Indias
Occidentales, llamadas más tarde **América**.

Aún más complejas que los acontecimientos puramente históricos son las **circunstancias culturales** que llevan, poco a
poco, a la creación de las primeras formas literarias medievales
en castellano. En una región tan **plurilingüe** (gallegoportugués,
asturleonés, castellano, vasco, navarro-aragonés, catalán, mozá-
rabe) como la **Península Ibérica** de entonces no sorprende que
haya expresiones artísticas, tradiciones cultivadas o géneros literarios muy variados y en niveles diferentes. A diferencia de las
culturas árabe y judía, en las cuales la composición de textos
literarios ya tiene una tradición más larga, las primeras manifestaciones literarias escritas en la **lengua romance**, el castellano
antiguo derivado del latín, aparecen más tarde.

Maimónides
(Córdoba, 1135–1204, personificación de la
convivencia cultural)

Glosas Emilianenses

Se solía decir que los primeros testimonios conservados en romance se descubrieron en San Millán de la
Cogolla: las *Glosas Emilianenses,* desarrolladas del latín medieval. En esta aldea de la Rioja hay dos monasterios: el de Suso («arriba») y el de Yuso («abajo»). Del año 977 datan las primeras anotaciones en romance que
los monjes escribían en los márgenes de los manuscritos latinos de una obra de San Agustín que copiaban.
Según otras teorías e investigaciones recientes, sin embargo, hay documentos aún más antiguos, escritos en
romance unas décadas antes de las *Glosas*: los escritos de Valpuesta, encontrados en Valdegovía (Álava).

■ Lírica popular temprana

Oralidad
Como en la Edad Media la mayoría de la población no sabe ni leer ni escribir y los textos considerados importantes tienen que ser escritos y copiados a mano, un trabajo muy laborioso, la literatura suele difundirse de forma oral.

Juglares
Por eso el género más cultivado en aquel entonces es la **lírica**, porque los poemas en versos, acompañados de música, son fáciles de memorizar. La poesía oral es trasmitida por juglares que recorren los pueblos y las ciudades donde representan bailes, canciones populares y cualquier tipo de poesía lírica.

Las jarchas
Las manifestaciones literarias escritas más antiguas conocidas hoy en día datan de la **primera mitad del siglo XI** y se llaman «jarchas», una palabra árabe que significa algo como «salida» o «final». Son estrofas muy breves escritas por los poetas de Al-Andalus cuyo elemento característico es la **mezcla** del árabe con el romance al final de una **moaxaja**, un poema culto en árabe o hebreo. El tema principal de las jarchas es la **queja de amor** de una muchacha, al terminar un diálogo amoroso, por la ausencia del amado. Esta forma literaria bilingüe es un buen ejemplo de las influencias mutuas de las diferentes lenguas y costumbres durante la época de la convivencia de las tres culturas en Al-Andalus. He aquí una jarcha típica y la versión en español:

gar ke fareyo	Dime, ¿qué haré?,
komo bibreyo	¿cómo viviré?
est' al-habib espero	Espero a mi amado
por el morireyo	por él moriré.

Otras formas
Mientras que las jarchas se escriben en árabe y romance, las **cantigas de amigo**, más extensas, se componen a partir del siglo XII en gallego-portugués. Son estrofas encadenadas cuyos versos se repiten con variaciones. Se difunden en el norte y noroeste de la Península Ibérica.

En el centro peninsular se desarrolla, paralelamente, la poesía popular castellana. Las formas más frecuentes son el **zéjel**, una composición de origen árabe, integrada por un estribillo y la mudanza, que contiene tres versos monorrimos y un verso de vuelta que rima con el estribillo. Del zéjel derivan, a partir del siglo XV, poemas populares tradicionales llamados **villancicos**, compuestos por una glosa, la estrofa con el contenido, y un estribillo, que se repite al final de las estrofas. Aunque las formas exteriores de las cantigas de amigo, los zéjeles y los villancicos difieren de las jarchas, sus asuntos son similares: el amor, la añoranza, la nostalgia, las citas, la belleza femenina ...

■ La épica. El *Cantar de Mio Cid*

> **Cantares de gesta**
> La lírica con sus diferentes subgéneros no es la única forma de diversión literaria medieval. Al igual que en otras épocas, existe un gusto por la narración. Y como la Edad Media no sólo es una época de convivencia pacífica de las culturas mencionadas sino también un tiempo de escaramuzas, confrontaciones bélicas y guerras entre los reinos peninsulares, se cantan las hazañas de un héroe singular o la historia de un pueblo entero. Surge la **épica**, una forma de relatos en los cuales se narran hechos heroicos en verso. Estos relatos épicos medievales se llaman **cantares de gesta**, cantares de «cosas hechas». En Castilla se han conservado sólo unos pocos cantares de gesta o fragmentos de ellos, pero hay un relato épico que nos queda casi completo, el famoso *Cantar de Mio Cid*, que narra las aventuras de un personaje histórico del siglo XI: **Rodrigo Díaz de Vivar.**

¿Poema nacional?
Debido al contexto histórico en el que se desarrolla la acción se ha dicho frecuentemente que el protagonista del *Cantar* personifica el espíritu castellano y algo

como una conciencia nacional de un futuro pueblo español. Lázaro Carreter, por ejemplo, resalta que el héroe es la „encarnación de un país que atraviesa [...] momentos difíciles" y concluye que la obra „es el poema nacional de Castilla".[1]

Sin embargo, otros críticos literarios subrayan que este poema épico gira exclusivamente en torno al Cid, su honra perdida y recuperada y que por eso se distingue fundamentalmente de obras semejantes de otros países. Así, Vossler pone de relieve: „No nos encontramos ante una cuestión puramente nacional, religiosa ni ética como en *La Chanson de Roland* o en *Los Nibelungos*, sino ante algo esencialmente personal, porque del Cid, y nada más que del Cid, de su honra y de su gloria, es de lo que en él se trata."[2]

El contenido del *Cantar* (1207),[3] pues, estriba en un personaje auténtico, el Argumento mencionado Rodrigo Díaz (h. 1040–1099), que es acusado de haberse quedado con una parte de los tributos que tuvo que cobrar del rey moro de Sevilla para su rey, Alfonso VI. Por eso es desterrado en la primera parte de la obra, titulada **Destierro de Mio Cid**. Después de salir de Castilla, el Cid combate en varias batallas victoriosamente contra los moros, adquiere gran botín y gloria y trata de congraciarse con el rey.

Esta reconciliación la logra en el segundo cantar, tras haber conquistado Valencia. Según Lázaro Carreter,[4] la segunda y la tercera partes forman el „núcleo artístico" de la obra: El cantar de las **Bodas de las hijas del Cid** con los infantes de Carrión, que pertenecen a la alta nobleza castellana y sólo quieren participar en su riqueza, y el cantar de **La afrenta de Corpes** en el que nos enteramos de que los infantes cobardes azotan a las hijas del Cid, vengándose así en ellas por humillaciones recibidas antes. A causa de este crimen brutal –las hijas casi pierden la vida– el Cid pide justicia, que el rey le concede convocando Cortes en Toledo. Allí los infantes son vencidos en un duelo y al final del *Poema* se anuncia el matrimonio de las hijas con nobles de Navarra y Aragón.

Azulejos con versos del *Cantar de Mio Cid* en Medinaceli (Soria)

Como podemos concluir de este breve resumen del contenido, el tema principal Tema de la obra no es la lucha heroica de un guerrero medieval contra los árabes, sino, como ya hemos sugerido antes, el **honor del protagonista**, tanto el honor **público** que el Cid pierde en el momento del destierro y que recupera cuando consigue el perdón del rey, como el honor **privado** que pierde debido al crimen de los infantes y que restaura al anunciar el matrimonio de sus hijas con hijos de reyes.[5]

Mientras que muchos episodios históricos del *Cantar* son auténticos, los pro- Valoración blemas familiares del protagonista son ficticios; como ocurre frecuentemente en tales poemas épicos, imaginación artística e historia probada se entremezclan. Sin embargo, lo que distingue al **Cid** de otros héroes semejantes es que siempre aparece como un **ser humano**, como un personaje de carne y hueso, que muestra sentimientos comprensibles a lo largo del *Poema*.

Por eso el gran crítico literario Menéndez Pidal detalla acertadamente que „el poema de *Mio Cid* es profundamente nacional y humano a la vez. [...] La vida pública del caballero, con sus hechos de armas, sus juntas, cortes, entrevistas, mensajes y otros actos de vasallaje, llena la mitad de la acción, pero la otra mitad ocupa la vida privada: y las despedidas, los largos viajes, las alegrías del encuentro, las finezas de la hospitalidad, los regocijos, las bodas, las pláticas familiares, las burlas de sobremesa, la siesta, entretejen y adornan gran parte de la trama. El cariño paternal y conyugal ocupa tanto en el poema como los deberes y entusiasmos caballerescos."[6]

■ La poesía culta

Mester de clerecía

Frente a la lírica tradicional y mayoritariamente oral nace en el siglo XIII una corriente de poesía culta, que recibe el nombre de mester de clerecía, lo que significa «oficio de clérigos». Mediante esta poesía, de carácter erudito, no sólo los monjes, sino todos los letrados quieren difundir **conocimientos y reflexiones**. Por eso, los temas de estas obras cultas son, en contraposición a obras anteriores, religiosos, doctrinales, morales o didácticos. A continuación vamos a presentar las dos obras más importantes de este subgénero poético.

Berceo

Gonzalo de Berceo (h. 1195–h. 1264) es el primer poeta castellano cuyo nombre conocemos, aunque hay pocos datos concretos sobre su vida. Sí se sabe que nació en La Rioja, en un lugar cerca de **San Millán de la Cogolla** donde ejerció labores administrativas en el monasterio. Los *Milagros de Nuestra Señora* son su obra más famosa, una colección de veinticinco hechos milagrosos, relatados en poesías compuestas por cuartetos de alejandrinos con una rima consonante. En un lenguaje sencillo, todos los cuadros poemáticos revelan el infinito poder de Nuestra Señora.

Arcipreste de Hita

Tampoco de la vida de **Juan Ruiz** se conoce casi nada. Sólo se sabe que nació en Alcalá de Henares (cerca de Madrid), que fue arcipreste de Hita (Guadalajara) y que escribió en la primera mitad del siglo XIV la obra maestra del mester de clerecía, el *Libro de buen amor*. En este libro, escrito principalmente en la llamada **cuaderna vía** (estrofas de cuatro alejandrinos monorrimos), se nota también la influencia de la lírica popular de los juglares, es decir, se trata de una mezcla del mester de clerecía y del mester de juglaría.

Libro de buen amor

Es una **autobiografía ficticia** en la cual Juan Ruiz narra sus (supuestas) experiencias amorosas con diferentes mujeres y exhorta al buen amor según la moral cristiana. El tono de este muestrario de las posibilidades amatorias es a veces serio, a veces humorístico e irónico y entre los episodios amorosos se encuentran integrados relatos alegóricos, reflexiones morales o satíricas y también fábulas para ejemplificar sus ideas. Además, el galán se sirve en varias ocasiones de una **trotaconventos**, es decir de una mediadora que le ayuda a lograr sus objetivos y es pagada por tales servicios. Con esta figura Juan Ruiz crea el antecedente de uno de los personajes más famosos de la literatura española: la alcahueta Celestina, la protagonista de la *Tragicomedia de Calisto y Melibea*, escrita por Fernando de Rojas a finales del siglo XV.

■ La prosa medieval

Alfonso el Sabio

Hasta el siglo XIII los textos en prosa, por ejemplo artículos eruditos, filosóficos o científicos se solían escribir en latín o en árabe, no en romance, la lengua utilizada en la poesía o para la comunicación del pueblo. Esto cambió con el rey **Alfonso X (1221–1284)** que hizo traducir textos árabes y latinos al castellano porque quería convertirlo en la lengua oficial de su reino y facilitar el acceso de la gente de la Corte a la cultura. Como su reinado se caracteriza por una intensa labor cultural, científica y literaria, recibió el sobrenombre de «el Sabio».

Las obras centrales del rey, considerado el fundador de la prosa castellana, son escritos de índole histórica (*La Crónica General* o *Estoria de España*), jurídica (Las *Siete partidas*) y científica (*Los libros del saber de astronomía*). Bajo su dirección, eruditos y sabios de las tres religiones colaboraban y contribuían así a fomentar el intercambio cultural.

Mientras que la prosa de Alfonso X el Sabio tiene un carácter más bien documental y científico, a causa de su intencionalidad secularizadora, se incorporan, a partir del siglo XIV, sucesivamente más elementos ficticios.

Monumento a Alfonso el Sabio en Madrid

El sobrino del rey mencionado, **don Juan Manuel (1282–1348)**, un noble castellano de Escalona (Toledo) es considerado el representante más importante de la
prosa del siglo XIV.

En su obra se nota tanto una clara voluntad de estilo como una evidente conciencia del autor que pretende instruir a sus lectores de forma didáctico-moralizadora por un lado y entretenerlos con la narración de hechos ficticios, es decir, hay
una obvia interdependencia entre la **utilidad** y el **deleite**.

De su producción literaria, el libro más famoso es ***El conde Lucanor***, cuyo
carácter didáctico queda patente en los diálogos entre Lucanor y su tutor Patro-
nio, quien instruye al conde contándole historias, ejemplos, fábulas y proverbios
morales y filosóficos. Los cincuenta y un cuentos didácticos, escritos en un estilo
elaborado, pero sencillo, forman el **primer libro auténtico castellano en prosa**
sin ser una traducción o copia de un modelo en otra lengua aunque, claro está, los
cuentos ya tienen una larga tradición latina o árabe.

■ La poesía del siglo XV. Jorge Manrique: *Coplas a la muerte de su padre*

El **siglo XV** puede ser designado como la
transición de la Edad Media a la época moderna. La estructura social de los estamentos
cambia poco a poco, el papel del individuo
cambia lentamente debido a una nueva estimación de la vida y se muestra un nuevo espíritu que se desarrollaría plenamente en el
Renacimiento.

Aunque en la literatura todavía predominan los temas medievales, se notan también
aquí cambios porque **autores cortesanos**
y **nobles** como el **marqués de Santillana
(1398–1458)** o **Juan de Mena (1411–1456)**
escriben obras destinadas para lectores que
viven fuera del limitado mundo religioso de
los monasterios. El **poeta más conocido** de
la segunda mitad del siglo XV es, sin duda
alguna, **Jorge Manrique (1440–1479)** que
nos dejó un poema de singular belleza y valor literario.

**Monumento a Jorge Manrique en su
ciudad natal, Segura de la Sierra (Jaén)**

Si la crítica literaria considera un poema medieval tardío como la obra lírica
más conocida de la literatura española,[7] esto sorprenderá al lector moderno que
sabe que también en otros siglos hay muchos poetas consagrados cuyas poesías
son famosas.

Sin embargo, no cabe duda de que las ***Coplas a la muerte de su padre***, escritas
por **Jorge Manrique** en **1477**, todavía a principios del tercer milenio gozan de gran
prestigio. No faltan en ninguna antología poética de las grandes editoriales, se suelen leer tanto en los cursos universitarios como en los colegios y muchos españoles
saben recitar de memoria al menos unos versos de las en total cuarenta estrofas.
A continuación trataremos de analizar en qué consiste la atracción –tanto para el
lector de entonces como para el de hoy– de las *Coplas*, concebidas en el umbral al
Renacimiento español.

Temas	Podemos distinguir **tres temas principales** que dividen el poema en tres partes aproximadamente iguales.
Brevedad de la vida	En las primeras trece estrofas el poeta reflexiona sobre el **carácter efímero de la vida humana** que lleva inevitablemente a la muerte. Para ilustrar esta reflexión abstracta sobre la existencia terrenal, un tópico de la literatura medieval, Manrique emplea dos metáforas bien conocidas en aquella época: *la vida es un río* y *el mundo es un camino*.
Ubi sunt?	Los pensamientos sobre la fugacidad de la vida y la fuerza igualadora de la muerte sirven de introducción al segundo núcleo temático: el lugar común del **«Ubi sunt?»**.
	Con esta expresión latina, que corresponde al español «¿Dónde están?», se designa una convención que consiste en preguntas retóricas sobre la muerte de personajes famosos de la historia. Además de tratar **la vida de la fama**, el poeta desarrolla aquí un discurso que sirve para polemizar contra los contrarios políticos de los Manrique.
Elegía	A partir de la estrofa XXV, la perspectiva se estrecha y la verdadera **elegía** comienza. Manrique se dedica en la tercera parte del poema a **la muerte de su padre Rodrigo** que murió en 1476 de una grave enfermedad. Convencido de la posibilidad de poder alcanzar la vida eterna, Rodrigo Manrique se resigna a lo inevitable, en el seno de la familia, „todos sentidos humanos conservados", muere sin miedo y completamente tranquilo, por no decir aliviado. Su muerte ejemplar corresponde a la vida modélica que llevó; por eso la memoria de un personaje extraordinario como él es un consuelo para todos los parientes del difunto.
¿Originalidad?	Como hemos visto, las *Coplas* recogen y combinan reflexiones en las que se expresa el **pensamiento de la Edad Media**. Basados tanto en convicciones populares como en el fundamento religioso de aquel entonces, temas como la fugacidad del tiempo, la vida de la fama o el carácter igualador de la muerte reflejan la cultura medieval y la actitud frente a la existencia terrenal o eterna.
	Pero si fuese solamente este conjunto de lugares comunes, reunidos en un solo poema, lo que caracteriza la obra de Jorge Manrique, las *Coplas* no habrían tenido tanto éxito a lo largo de los siglos, no habrían alcanzado esta reputación como una de las mejores poesías españolas, ya que **los temas en sí no son muy originales**, ni para los lectores de los siglos XX ó XXI ni para los contemporáneos del poeta.
Otros criterios	Debe haber otros criterios que distinguen la elegía de Manrique de obras con temas similares de la época y la hacen legible incluso hoy en día aunque en la sociedad «moderna» predominan otras actitudes, reflexiones e ideologías que hace medio milenio.
	Estos criterios los tenemos que buscar en elementos como el **estilo, recursos literarios**, el **lenguaje** y la **métrica** del poema por un lado, en **aspectos genéricos** de las *Coplas* como **elegía modelo** que ejerció mucha influencia en obras posteriores hasta la modernidad por otro, y también en el **tono** nunca dogmático aunque **exhortativo** del poeta que posee la habilidad de armonizar las **claves temáticas intemporales** con una forma exterior prácticamente perfecta.
Copla	El poema se compone de cuarenta estrofas llamadas coplas. Cada copla, a su vez, consta de doce versos, divididos en dos sextillas. El cómputo silábico da por resultado que los primeros dos versos son **octosílabos**, mientras que el tercer verso es un **tetrasílabo**. Este esquema (a8, b8, c4) se repite a lo largo de todo el poema y por eso se dice que son **coplas de arte menor «de pie quebrado»**, o, según su autor, «coplas manriqueñas». El esquema completo de las estrofas es: a8 – b8 – c4 – a8 – b8 – c4 – d8 – e8 – f4 – d8 – e8 – f4.
Lenguaje	En consonancia con los temas y los motivos de las *Coplas*, Manrique varía y adecúa el tono de su poema. Cuando inicia un pensamiento nuevo, usa un **tono exhortativo** para llamar la atención de los lectores sobre el tema que sigue. Cuando quiere comprobar una hipótesis teóricamente desarrollada, hace **preguntas retóricas** para subrayar lo anteriormente dicho.

Cuando quiere poner de relieve los rasgos positivos de su padre, emplea anáforas, paralelismos, metáforas y enumeraciones asindéticas (XXVI). Cuando describe el momento de la muerte del padre en el seno de la familia, su lenguaje adquiere un **tono solemne** y personal, correspondiente a la situación.

> Como conclusión de lo arriba expuesto se puede resumir que la atracción de las *Coplas* consiste en una interdependencia armoniosa de los aspectos exteriores e interiores, o sea, en la **estrecha relación entre la forma y el contenido**.
>
> Núcleos temáticos combinados, tópicos intemporales ejemplificados, un lenguaje sorprendentemente moderno con tonos y registros diferentes, adaptados a la situación, respectivamente, el estilo natural y solemne, la forma y el ritmo cuidadosamente elaborados de las estrofas con su esquema de rimas, los recursos estilísticos y los aspectos modélicos del género elegíaco –todos estos elementos contribuyen a una verdadera **unidad poética**, hábilmente estructurada y estéticamente expresada. Así se puede decir que el resultado del esfuerzo poético de Manrique es una **composición orgánica** que contiene el conjunto del pensamiento y la **síntesis de la ideología medieval en la transición al Renacimiento**.

■ Otros géneros literarios del siglo XV. Fernando de Rojas: *La Celestina*

No sólo en la poesía se nota la transición paulatina de la Edad Media al Renacimiento. También en otros géneros literarios como la prosa y el teatro se perciben desarrollos y cambios. Así, por ejemplo, el **lenguaje popular** se utiliza cada vez más en la prosa y se desarrollan subgéneros de la **prosa de ficción**, como las **novelas de caballerías** que tratan de las hazañas de un caballero andante o las **novelas sentimentales** que asimismo están destinadas primordialmente al entretenimiento de los lectores (**Diego de San Pedro:** *Cárcel de amor*, **1492**).

Prosa

Teatro

La Celestina

En el teatro, limitado durante la Edad Media a representaciones religiosas –la más famosa es el *Auto de los Reyes Magos* de **mediados del siglo XIII**– se nota el comienzo del **teatro profano**, sobre todo en la obra de **Juan del Encina (1468–1529)**, cuyas piezas, por ejemplo las **églogas bucólico-dramáticas**, amplían el horizonte teatral con diálogos entre pastores.

Una obra, sin embargo, desde el punto de vista genérico una mezcla entre la prosa y el teatro, supone, como ninguna otra, el fin de la Edad Media literaria y el principio del Renacimiento español: es la *Tragicomedia de Calisto y Melibea* (**Fernando de Rojas, 1499**), cuya protagonista, la alcahueta Celestina, se ha convertido en un auténtico mito de la literatura española y universal.

Monumento a Celestina en el huerto de Calixto y Melibea (Salamanca)

Estructura

La estructura de la novela dramática, bastante **simétrica**, corresponde perfectamente a la de una tragedia con exposición, desarrollo de la acción hacia un clímax al que sigue la evolución hacia el desenlace, es decir, la catástrofe final.

Asunto

El asunto no es muy complicado y fácil de resumir: Calisto, enamorado de Melibea desde el primer encuentro, necesita la mediación de la alcahueta Celestina para conquistarla. En el «doceno auto» podemos hablar de un doble clímax, porque por un lado Calisto y Melibea confiesan su amor y por otro la figura titular es asesinada por sus criados con los cuales no quiere compartir el premio recibido de Calisto. Después de un breve tiempo feliz, cuando los amantes gozan de encuentros secretos, se anuncia un **desenlace fatal**. Los criados Sempronio y Pármeno son degollados y la vida de los «locos enamorados» acaba de forma trágica: Calisto muere al caer del muro del huerto de Melibea, que a su vez se suicida. Un largo monólogo de su padre, el «Planto [llanto] de Pleberio», constituye el epílogo de *La Celestina*.

Entre Edad Media...

Teniendo en cuenta estos aspectos, podemos constatar que tanto la **sociedad** reflejada en la obra como su **mensaje moralizador** son de **índole medieval**. Lo que pasa es que todos los personajes que pecan, mueren de forma violenta sin haber podido disfrutar de lo que esperaban.

... y Renacimiento

Sin embargo, hay también algunos **aspectos renacentistas**. Así, notamos por ejemplo una **nueva estimación de la vida** típica de la época del Renacimiento, o sea, todos los personajes tratan de disfrutar de la vida lo mejor posible. Esta valoración está relacionada estrechamente con otro elemento hasta entonces desconocido en la literatura: el **individualismo** de los caracteres cuyas preocupaciones y ansias se ponen de relieve en el curso de la obra, al igual que sus sentimientos.[8]

Temas: amor

Hablando de los temas de la obra, es fácil reconocer que el **amor** –en todas sus facetas– juega un papel importantísimo; es el móvil de los personajes principales. Nadie lo sabe mejor que la vieja alcahueta Celestina que afirma en el acto IX: „—Mucha fuerza tiene el amor; no sólo la tierra, mas aun las mares traspasa, según su poder. Igual mando tiene en todo género de hombres. Todas las dificultades quiebra. Ansiosa cosa es y temerosa y solícita. Todas las cosas mira en derredor.“

Muerte

Estrechamente relacionado con el tema del amor está el de la **muerte**. Debido a **la muerte de cinco personajes**, la comedia se convierte en una **tragedia**. Sin embargo, la muerte de estos cinco personajes no es una muerte natural, después de una vida larga y cumplida. Ellos mismos son responsables de su destino. Celestina y los criados Sempronio y Pármeno mueren debido a su avaricia y egoísmo, mientras que Calisto y Melibea son víctimas de su «loco amor».

Hechicería

Como observa Alonso Martín, el tema de la **hechicería** o brujería, es decir, «la profesión» de la «vieja puta» Celestina, ha sido muy discutido por los críticos literarios. Mientras que antes se pensaba que la magia era sólo un atributo pintoresco, hoy día se ha reconocido la importancia de las artes mágicas en la obra de Rojas. Al respecto el crítico declara: „Estas opiniones se sustentan en dos hechos incuestionables: en primer lugar, el hombre del siglo XV creyó en la efectividad de los hechizos; en segundo lugar, Celestina encomienda a Plutón que ablande la voluntad de Melibea mediante el conjuro que realiza en el acto tercero.“[9] Desde este punto de vista, Melibea estaría expuesta a las fuerzas malévolas de Celestina y no actuaría libremente.

Sociedad

El último tema que podemos tratar aquí es el de la **sociedad** que, por un lado, está enraizada en el pensamiento medieval pero que, por otro lado, se encuentra en una fase de transición al Renacimiento. La concepción del mundo, los valores tradicionales y el orden social establecido cambian poco a poco, „al ponerse en tela de juicio“, comenta Quiñonero, „la rígida estamentación medieval“. Y prosigue: „el creciente poder y riqueza de la nobleza dominante, entretenida en el lujo de las cortes y refugiada en sus privilegios, da lugar a un cierto clima de descomposición, que hace surgir por arriba actitudes burguesas al margen del honor y del heroísmo de la caballería medieval, y por abajo un espíritu de rebeldía de los humildes, que se burlan de los señores o se enfrentan abiertamente a sus abusos.“ [10]

Para terminar, echemos un vistazo a los **personajes principales** de la obra: Celestina, Calisto y Melibea.

Celestina

La protagonista de la obra es, sin duda alguna, un personaje sumamente **astuto e inteligente** que conoce muy bien a sus contemporáneos con todas sus debilidades, sus deseos y pasiones y que sabe sacar el máximo provecho de estos conocimientos. En su papel de **mediadora** entre Melibea y Calisto Celestina se muestra flexible y habla con cada uno en el lenguaje apto para conseguir sus objetivos.

La alcahuetería es su profesión, junto con la hechicería, conjuros y la magia negra. Al exorbitar su interés material y no queriendo compartir el oro recibido con Sempronio y Pármeno en el acto XII, paga su codicia con la muerte: es asesinada por Sempronio.

Desde la primera escena vemos a **Calisto** enamorado de Melibea. El prota- Calisto gonista varón de la obra vive –y muere– por la **única pasión** que guía su vida: el **amor**. Su amor a Melibea tiene poco del amor cortés conocido de la literatura medieval; tampoco es un amor normal, altruista, al contrario: Calisto sólo quiere satisfacer sus sentimientos eróticos y realizar sus sueños sexuales. Al principio parece tener poco éxito, pero gracias a Celestina alcanza sus objetivos. Tras un encuentro platónico con Melibea en el acto XII, llega el momento deseado en el acto XIV. Pero Calisto no se comporta como un amante honrado, incluso quiere que los criados se enteren de su «conquista»: „—Bien me huelgo que estén semejantes testigos de mi gloria." (XIV)

Calisto es un **egoísta cínico** y un hipócrita poco idealizado por Rojas. En muchas ocasiones necesita la ayuda de sus criados, es decir, por un lado depende de ellos. Pero por otro lado, la muerte de Celestina, Sempronio y Pármeno, aunque eran antes sus confidentes, le deja totalmente indiferente. Por un juego irónico del destino, Calisto muere cuando se muestra por primera vez preocupado por otros. En el acto XIX piensa que sus criados Sosia y Tristán necesitan su ayuda e interrumpe la estancia en el huerto de Melibea. Su caída mortal de la tapia es la **parodia de una muerte heroica**.

La **Melibea** de los primeros actos corresponde perfectamente a la imagen Melibea que se tenía en aquel entonces de la hija de origen noble: discreta, decente y un poco arrogante. Pronto, sin embargo, se constata en ella „una atormentada lucha interior entre lo que verdaderamente quiere y entre lo que debe aparentar".[11] En el cuarto acto finge desinterés cuando Celestina le habla de Calisto, pero en realidad está «en las brasas».

Su interés por Calisto crece, le confiesa su amor en el «doceno auto», e incluso le anima: „ordena de mí a tu voluntad". A continuación Melibea se le entrega (acto XIV), motivada por los sentimientos frente a él por un lado y por su lujuria por otro, aunque siempre parece tener escrúpulos. Es verdad que Melibea es una joven seducida, es decir, al menos al principio asume un papel pasivo, pero a pesar de ello es responsable de su conducta y encarna „la representación del ideal de mujer del Renacimiento. Es sensual, de belleza serena y en ella se unen lo carnal y lo ideal."[12] Es activa, admite sus sentimientos libremente y después de la muerte de Calisto decide suicidarse, porque una vida sin él no le parece tener sentido.

El análisis de Celestina, Calisto y Melibea pone en evidencia que estos tres personajes principales de la *Tragicomedia* no son tipos sino más bien **individuos**. No corresponden a modelos fijos, estereotipos o personajes ideales de la literatura medieval (héroes épicos, amantes idealizados, damas nobles etc.), porque su personalidad se afirma por matices humanos, una evolución palpable (como en el caso de Melibea) y reacciones comprensibles. Un papel importante lo juega en este contexto de ideas el **egoísmo** que caracteriza tanto a los representantes de la clase señorial como a los criados. Mediante los personajes se anuncia el **antropocentrismo** ya mencionado que reemplaza la **ideología teocéntrica** predominante en la Edad Media.

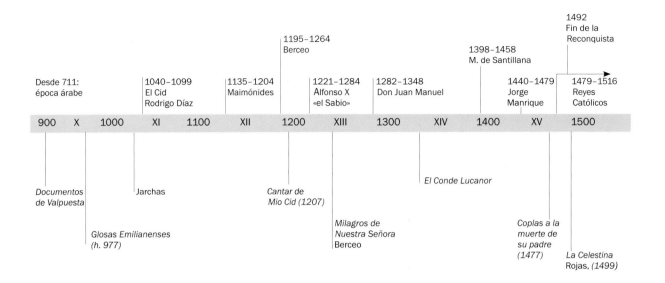

Para recordar:

◆ Como en la Edad Media domina la oralidad, sólo se han conservado pocas obras literarias completas, en comparación con épocas posteriores.

◆ Las primeras manifestaciones literarias conocidas son las jarchas, poesías bilingües, escritas en árabe y romance.

◆ El *Cantar de Mio Cid*, el primer relato épico conservado casi completamente, describe acontecimientos históricos y episodios ficticios de un personaje auténtico de la segunda mitad del siglo XI: Rodrigo Díaz de Vivar.

◆ El primer poeta castellano cuyo nombre sabemos es Gonzalo de Berceo, de la primera mitad del siglo XIII: escribe poesía culta.

◆ Juan Ruiz, el Arcipreste de Hita, escribe la obra maestra del mester de clerecía, el *Libro de buen amor*.

◆ El rey Alfonso el Sabio fomenta la prosa castellana en el siglo XIII.

◆ Su sobrino, don Juan Manuel, escribe el primer libro auténtico castellano en prosa: *El conde Lucanor*.

◆ En el siglo XV se escriben obras literarias que ya anuncian la transición al Renacimiento.

◆ Las más famosas son una elegía, las *Coplas a la muerte de su padre*, escrita por Jorge Manrique en 1477, y una novela dramática, la *Tragicomedia de Calisto y Melibea,* de 1499, cuyo autor, Fernando de Rojas, crea una figura inmortal: la Celestina.

📖 **Para saber más:**

◆ Herbers, K.: *Geschichte Spaniens im Mittelalter*, Stuttgart 2006.

◆ Bossong, G.: «Sechs *hargas*», in Tietz, M.: *Die spanische Lyrik von den Anfängen bis 1870*, Frankfurt 1997, S. 41–57.

◆ Deyermond, A.: *El Cantar de Mio Cid y la épica medieval española*, Barcelona 1985.

◆ Fletcher, R.: *El Cid. Leben und Legende des spanischen Nationalhelden. Eine Biographie*, Weinheim / Berlin 1999.

◆ Saugnieux, J.: *Berceo y las culturas del siglo XIII*, Logroño 1982.

◆ Menéndez Peláez, J.: *El «Libro de Buen Amor»: ¿ficción literaria o reflejo de una realidad?*, Gijón 1980.

◆ Ayerbe-Chaux, R.: *El Conde Lucanor. Material tradicional y originalidad creadora*, Madrid 1975.

◆ Gil, J.: *La escuela de traductores de Toledo y los colaboradores judíos*, Toledo 1985.

◆ Tietz, M.: „Jorge Manrique: Coplas a la muerte de su padre", in ders. (Hg.): *Die spanische Lyrik von den Anfängen bis 1870*, Frankfurt 1997, S. 169–207.

◆ González Maestro, J.: *El personaje nihilista. La Celestina y el teatro europeo*, Madrid 2001.

◆ Arellano, I.; Usunáriz, J. (Hg.): *El mundo social y cultural de la ‚Celestina'*, Madrid 2003.

■ Actividades

1. **¿Lo has entendido? Comprueba tus nuevos conocimientos adquiridos con este quiz.**

    1. Los primeros testimonios conservados en romance son
        a. las *Siete Partidas* de Alfonso X, el Sabio
        b. las *Glosas Emilianenses* y los escritos de Valpuesta
        c. *Los Milagros de Nuestra Señora*
        d. las *Coplas* de Jorge Manrique

    2. ¿Qué son jarchas?
        a. estrofas bilingües en las que se mezclan el árabe y el romance
        b. rimas abrazadas, típicas de la poesía culta
        c. coplas de arte menor
        d. piezas teatrales representadas por juglares medievales

    3. El *Cantar de Mio Cid* es
        a. un poema breve, compuesto por una glosa, dos estrofas y un estribillo
        b. una elegía escrita en el umbral al Renacimiento
        c. el cantar de gesta más famoso de la literatura española
        d. una comedia popular del siglo XIV

    4. ¿Quién es el primer poeta castellano cuyo nombre conocemos?
        a. Diego de San Pedro
        b. Jorge Manrique
        c. Juan Ruiz
        d. Gonzalo de Berceo

    5. La prosa medieval de Alfonso el Sabio tiene un carácter
        a. místico y ascético
        b. lúdico-manierista
        c. irónico-satírico
        d. documental y científico

    6. Las *Coplas* de Jorge Manrique contienen
        a. episodios que tratan de las hazañas de un caballero andante
        b. la síntesis del pensamiento medieval en la transición al Renacimiento
        c. muchos elementos del teatro profano del siglo XV
        d. anécdotas ficticias de experiencias amorosas

    7. La protagonista de *La Celestina* es
        a. la amada de Calisto, atractiva, pero arrogante
        b. una hija de origen noble, discreta y decente
        c. una alcahueta astuta e inteligente
        d. una joven sensual, de belleza extraordinaria

2. **Texto. Describe las etapas y fases centrales del desarrollo de la poesía medieval desde la lírica popular temprana hasta las *Coplas* de Jorge Manrique a finales del siglo XV.**

3. **Debate. Leed algunas de las estrofas del poema de Manrique y discutid sobre si su mensaje sigue siendo actual a principios del siglo XXI.**

4. **Proyecto. Con la ayuda del profesor, tratad de representar escenas clave del *Cantar de Mio Cid*, tomando como punto de partida fragmentos de texto importantes (destierro y salida de Castilla, reconciliación con el rey, boda de las hijas, la afrenta de Corpes, etc.)**

*– Necio, aprende, que el mozo del ciego
un punto ha de saber más que el diablo.*

Lazarillo de Tormes, 1554

2. El Siglo de Oro

En este capítulo vamos a aprender:

En este capítulo vamos a aprender:
- Las circunstancias históricas y culturales del Renacimiento y del Barroco
- Las corrientes poéticas más importantes: la poesía italianista, la ascética, la mística, el culteranismo y el conceptismo
- Subgéneros de la prosa como la historiografía, la prosa didáctica, los libros de caballerías, las narraciones picarescas y la novela filosófica
- La comedia, la tragedia, el drama y el auto sacramental como géneros teatrales
- Obras maestras que representan las tendencias literarias de la época: el *Amadís de Gaula*, el *Lazarillo de Tormes*, la *Himenea*, *Numancia*, el *Quijote*, *El Burlador de Sevilla* y *El Criticón*

■ Introducción

Época histórica

Busto de Carlos I en el Monasterio de Yuste (Cáceres)

La época que solemos llamar Siglo de Oro, Siglos de Oro o Edad de Oro comprende el espacio temporal entre el reinado de los **Reyes Católicos** en el último cuarto del siglo XV y el año 1700 cuando muere el último rey de los Austrias, **Carlos II**. Durante este tiempo, España es el **imperio colonial** más grande del mundo, teniendo una extensión territorial de enormes dimensiones después de las conquistas en América y Asia. Se dice que en el reino de **Carlos I** (1516–1556) y de **Felipe II** (1556–1598) no se pone el sol, por ser tan extenso.

El siglo XVI es en toda Europa un periodo de **conflictos religiosos**, con reformas de las órdenes religiosas y una **Contrarreforma** cuyo influjo se nota sobre todo en España. Allí termina la fase de la tolerancia tras el **fin de la Reconquista en 1492** cuando se expulsan miles de musulmanes y judíos. Los judíos convertidos al cristianismo, llamados **conversos**, y los árabes a los que se permite quedarse, los **moriscos**, son minorías constantemente bajo sospecha por sus creencias. La expulsión definitiva de los moriscos la decreta Felipe III en 1609.

La **imprenta** de tipos móviles, inventada por Gutenberg hacia 1440, significa una auténtica revolución y contribuye decisivamente a la difusión de la literatura. Los libros impresos llegan a un número elevado de lectores de diferentes capas sociales.

En España, la cultura y especialmente la **literatura** alcanza un enorme **esplendor** en el Siglo de Oro y el número de escritores de primera categoría es impresionante. Hoy en día se suelen distinguir dos épocas:

Renacimiento/Barroco
Empezando este periodo en varios países europeos ya en el siglo XIV, en España se relaciona el **Renacimiento** principalmente con el siglo **XVI**, aunque hay que saber que no se trata de una **época** uniforme sino **heterogénea** debido a la existencia de **corrientes diferentes**. El origen del Renacimiento es en Italia, el nombre es una **alusión a la Antigüedad grecolatina** cuyo esplendor los humanistas querían revitalizar.
El pensamiento renacentista llega a España gracias a personajes intelectuales como el gramático Antonio de **Nebrija**, el filósofo Luis **Vives**, el médico Andrés **Laguna** o el jurista Francisco de **Vitoria**.
La época del **Barroco** abarca en España el **siglo XVII** entero y las primeras décadas del siglo XVIII. Este tiempo se caracteriza por los primeros indicios de decadencia y la España imperial pierde su posición hegemonial indiscutible del siglo anterior.
La sociedad española del Barroco está marcada por la preocupación por sus normas religiosas y sociales. En la literatura predominan **temas** que expresan estas preocupaciones: el desengaño, el honor, el carácter efímero de la vida, la vanidad de la existencia terrenal. Mientras que en el Renacimiento el **lenguaje** es sencillo y natural, el Barroco muestra tendencias a lo artificial y culterano.

■ La lírica del Renacimiento

Durante estos dos siglos áureos se puede hablar con todo derecho del **apogeo** de la lírica, cuyo nivel no se vuelve a alcanzar hasta la llamada Edad de Plata con la Generación del 27 en el siglo XX. Obras maestras

En el marco de este capítulo es, por supuesto, imposible mencionar todas las facetas de la lírica renacentista y barroca. Por eso nos limitamos a analizar las obras maestras de unos pocos poetas cuya calidad nadie duda. Tratamos, pues, de presentar primero un abanico de diferentes subgéneros líricos del Renacimiento: la **poesía italianista**, la **ascética** y la **mística**.

La poesía italianista. Garcilaso de la Vega

En el primer tercio del siglo XVI **Garcilaso de la Vega (1501–1536)** domina como ningún otro poeta del Renacimiento la escena lírica. Es el prototipo del **cortesano** que representa perfectamente el **ideal de las armas y las letras**. Vida

Según los modelos italianos el caballero de la orden de Santiago compone una **obra poética influida** fuertemente en su concepción por **Petrarca**. Siguiendo los principios de la «imitatio» y la «aemulatio» clásicas Garcilaso escribe églogas, epístolas, elegías y sonetos cuyo influjo no sólo es palpable en el Siglo de Oro sino también en épocas posteriores. La obra de Garcilaso es publicada siete años después de su muerte por la viuda de su amigo **Juan Boscán**. Obra

De las **tres églogas**, la primera es aquélla, en la cual se nota mejor la **nueva sentimentalidad del Renacimiento**, caracterizada por nostalgia y melancolía. El **género literario** de la égloga se remonta a la literatura clásica grecolatina (Teócrito, Virgilio). Con este término se designan composiciones líricas de **temas bucólico-pastoriles**. Los ingredientes de las églogas suelen ser casi siempre los mismos: pastores enamorados, amores infelices, la naturaleza idealizada y una estructura dialogal.[1] Églogas

Toda la *Égloga primera* se compone de estancias, estrofas típicamente renacentistas, de origen italiano e introducidas en España por Garcilaso, en las que alternan endecasílabos, o sea versos de once sílabas, con heptasílabos. Estancias

El **esquema de rimas** consonantes de las estancias es: A B C B A C c d d E E f e F. Esta forma exterior, es decir, el modelo métrico, sólo a primera vista irregular, debe repetirse en las otras estancias de la égloga una vez que el poeta se ha decidido por él.

El **tema** de esta poesía es el **amor desdichado de dos pastores**, Salicio y Nemoroso. En realidad, las lamentaciones de Salicio y Nemoroso aluden a la dolorosa experiencia de un amor infeliz del poeta que, ya casado, se enamoró de la dama portuguesa Isabel Freyre, es decir, el «yo lírico» se desdobla en dos personajes. Salicio lamenta el desdén de Galatea, lo que simboliza el amor imposible y los intentos infructuosos del poeta, sobre todo cuando la amada se casa con otro, y Nemoroso llora la pérdida definitiva de doña Isabel, o sea su muerte prematura. Tema

También en los sonetos el tema central es el amor, sobre todo el **dolorido sentir** que provoca melancolía y tristeza porque se trata de un amor imposible y no correspondido. Otros temas son el **carácter efímero de la existencia humana** y la exhortación al goce de la vida. Sonetos

La poesía ascética. Fray Luis de León

Si las *Coplas* de Manrique anuncian la transición al Renacimiento y si las *Églogas* del «príncipe de los poetas», Garcilaso de la Vega, significan el triunfo de la poesía italianista en España, la obra de los dos poetas siguientes pertenece a otra escuela lírica, a la **religiosa**. Lírica religiosa

Aula de Fray Luis de León en la Universidad de Salamanca

Obra de Fray Luis

De la obra poética de **Fray Luis de León (1527–1591)**, publicada póstumamente en 1631, las *Odas* gozan del mayor prestigio. Para un estudio ejemplar y detallado hemos elegido, pues, la primera de ellas, la ***Oda a la vida retirada (1566)*** en la cual la influencia tanto de Horacio como de Garcilaso es claramente palpable.

En esta oda, Fray Luis de León toma el **motivo horaciano** del «Beatus ille qui procul negotiis» como punto de partida para reflexionar sobre la „descansada vida / la del que huye del mundanal ruïdo" en general y su propia existencia en particular.[2]

Este tema en sí no es nada original; su tradición no sólo se remonta a la poesía clásica del mencionado Horacio o de Virgilio sino también al ideal estoico del «naturam sequi» que es la condición para poder **gozar de la máxima felicidad** y para llegar a la sabiduría, viviendo en consonancia con la Naturaleza. Fray Luis busca la **paz espiritual** duradera en un ambiente rural, lejos del bullicio mundano.

Oda

El autor realiza esta intención en una poesía compuesta por **liras**, o sea, estrofas de cinco versos cuyos sendos dos endecasílabos y tres heptasílabos corresponden siempre al esquema aBabB, una estructura típica de las odas que hallamos asimismo en la poesía mística de San Juan de la Cruz.

Elementos clave

Ya en la primera de las diecisiete liras aparecen todos los **elementos clave** del tema: la „descansada vida" frente al „mundanal ruïdo", el «secretum iter» horaciano, es decir, la „escondida senda" que hay que tomar y la sabiduría que hace falta para alcanzar la meta, una vida equilibrada en armonía consigo, la Naturaleza y Dios. A continuación, el poeta conquense contrasta este mundo solitario y pacífico con los vicios mundanos que menosprecia: riqueza, orgullo (II), fama, lisonja (III), éxitos efímeros, preocupaciones y ansias (IV).

Autobiografía

A partir de esta cuarta lira, que constituye el final de la introducción, notamos el paso de la tercera persona, en la que Fray Luis generaliza todavía, a la primera persona de singular, que nos transmite un **carácter** más bien **autobiográfico** de sus pensamientos, con referencias claras e inequívocas a su vida.

Esta impresión se intensifica en las próximas estrofas cuando el poeta agustino se refiere a su finca en las afueras de Salamanca y opone al „mar tempestuoso" (V), es decir, al bullicio de la ciudad y de la corte (VI), su vida idílica y

22

solitaria (VIII) en un entorno tranquilo y natural, donde cantan los pájaros (VII) y donde es posible concentrarse en el „bien que debo al cielo" (VIII).

En la parte central de la *Oda a la vida retirada* Fray Luis amplía estas **antítesis** Parte central describiendo detalladamente su „huerto" (IX) como lugar ameno y contrastándolo con el „falso leño" (XIII) o sea, el frágil barco que flota en el mar peligroso de los bienes mundanos (XIII, XIV). En las cuatro liras IX a XII no falta ninguno de los ingredientes típicos de este tópico clásico: la „bella flor", el „fruto cierto" (IX), „una fontana pura" (X), „árboles", „diversas flores" (XI) y „mil olores" (XII) contribuyen a esbozar una escena de un idilio perfecto.

Mientras que el poeta vive a su gusto en este **ambiente pacífico y armonioso**, los navegantes del frágil barco tienen que luchar contra las vicisitudes de la vida, las tormentas y tempestades, metafóricamente hablando, para sobrevivir y tratar –en vano– de salvar sus bienes mundanos, los que, a pesar de todos sus esfuerzos, van a perder (XIV).

La **única conclusión posible** que Fray Luis puede sacar para sí mismo es la que leemos en las tres liras finales que reanudan los pensamientos iniciales y dan, de esta forma, a la oda una **estructura circular**. En estas estrofas (XV–XVII) vuelve a oponer su vida modesta, pero feliz a la existencia de los que se esfuerzan –„con sed insacïable" (XVI)– para tener un poder superficial y efímero. Serenidad caracteriza el estado de ánimo del poeta cuando disfruta de la **paz interna**, „a la sombra tendido", y de „lauro eterno coronado" (XVII). Parece haber encontrado la senda escondida que lleva a la sabiduría y a la felicidad duradera porque **su alma ha encontrado a Dios**.

Monumento a Fray Luis de León en el Patio de las Escuelas de Salamanca

La poesía mística. San Juan de la Cruz

El poeta místico **Juan de Yepes Álvarez**, de Ávila **(1542–1591)**, estudia Filo- Vida sofía y Letras en Medina del Campo y en Salamanca antes de entrar en 1563 en la orden de los **Carmelitas**. Allí conoce a la también abulense **Teresa de Jesús (1515–1582)** con la cual realiza la reestructuración de la orden, lo que causa enemistades con los monjes conservadores de los carmelitas calzados.

Debido a las intrigas de estos enemigos, San Juan pasa cierto tiempo en la cárcel, al igual que Fray Luis de León. Allí mismo empieza con la redacción de su lírica, de la cual destacan *Cántico espiritual*, *Llama de amor viva* y ***Noche oscura del alma* (1577)**, poesías en las que se basa su **fama mundial como poeta**. San Juan de la Cruz pasa los últimos años de su vida en Andalucía, donde muere también. Su obra lírica se publica años después, como se solía hacer en aquel entonces, o sea, a principios del siglo XVII.

El **poema más famoso** trata de una experiencia amorosa especial. En la os- *Noche oscura* curidad de la noche un anónimo «yo lírico» femenino sale de casa, disfrazado y desapercibido. Una luz misteriosa sirve de guía para indicarle el camino al amado con el que quiere encontrarse. La aventura finaliza feliz y los amantes pueden disfrutar de momentos inolvidables en la **cima de la felicidad**.

Para comprender la **estructura** interna de la oda es imprescindible saber cuá- Camino místico les son las etapas del **camino místico** hacia Dios o las «vías» que el alma tiene que recorrer „para llegar a la unión perfecta del amor de Dios", como escribe San Juan de la Cruz en su prólogo.

En la **vía purgativa** el alma se libera de sus pasiones y pecados mundanos. A Tres vías este camino se refiere San Juan de la Cruz en las primeras dos liras. Durante la noche, „estando ya mi casa sosegada", el alma huye del mundo. La iluminación por la fe tiene lugar en las próximas estrofas. El alma siente que en su corazón arde un fuego, una luz que la guía por la **vía iluminativa** hacia su amado „quien yo bien me sabía". La quinta estrofa representa la transición a la tercera parte de la oda. El alma da las gracias a la noche por su ayuda, subrayada por una anáfora. Pronto encontrará a su amado. Este encuentro se realiza en la **vía unitiva** que abarca las últimas tres estrofas. Ahora el alma llega a la unión con el amado, es decir, con Dios, o, como diría San Juan de la Cruz, se celebra el „matrimonio espiritual".[3]

Mensaje

El texto es una **mezcla** acertada de los elementos del **amor profano**, humano con los de la **veneración religiosa, mística y del amor a Dios**. En un primer plano la acción parece dirigirse, sobre todo en las primeras dos liras, hacia un secreto encuentro nocturno de dos amantes; „ni yo miraba cosa", sin embargo, es una alusión a una posibilidad de experiencia que se encuentra **más allá del goce mundano**.

Lo más tarde a partir de la cuarta estrofa el lector de hoy se extraña: con una luz nocturna como guía, el «yo lírico» trata de llegar a un lugar donde nadie aparece. Aquí se realiza la **transformación del amor humano** frente a una persona amada en el profundo amor a Dios que es dominante en las últimas tres liras. De esta forma, San Juan de la Cruz emplea tópicos bien conocidos de la lírica amorosa contemporánea del Renacimiento –con alusiones eróticas– para representar el estado del alma de los creyentes durante el camino a la **unión mística con Dios.**

San Juan de la Cruz, Ávila

■ La prosa del Renacimiento

Formas distintas

A lo largo de la primera mitad del siglo XVI se desarrollan **nuevas ideas estéticas** que encuentran su expresión literaria tanto en la prosa **didáctica** como en la prosa de **ficción**. La expansión territorial del imperio español después de 1492 es acompañada por el florecimiento de la **historiografía**.

Protagonistas

Monumento a Isabel la Católica y Cristóbal Colón en Granada

La historiografía de Indias
La época del descubrimiento, de la conquista y de la colonización de América se caracteriza desde el principio por las actividades literarias de sus protagonistas. Dentro de la literatura del Siglo de Oro la historiografía ocupa un lugar destacado, porque **Cristóbal Colón, Hernán Cortés** o **Bartolomé de Las Casas** ven en diarios, cartas-relación o relaciones la única posibilidad de justificar sus acciones lejos de la patria. Así persiguen frente a la Corona española y al público español una estrategia argumentativa que está marcada en su totalidad por un fuerte espíritu nacional por un lado y una misión religiosa por otro.

Motivos

En este contexto de ideas se hacen patentes los **motivos principales** de los historiadores de aquel entonces, es decir, sus conceptos no los domina la búsqueda de la verdad absoluta e irrefutable, sino que se trata más bien, en el caso de la historiografía del Nuevo Mundo, de **textos ficticios creados como fuentes literarias**.[4] Éstas no reflejan en modo alguno „la verdad de lo visto y de lo vivido", sino que tienen, debido a su esencia ficticia, un **carácter manipulador**.[5]

Rivales

En la época en cuestión podemos constatar la competencia de varios grupos que persiguen objetivos diferentes: la rivalidad de los **descubridores**, los **conquistadores**, el **clero** y la **Corona** encuentra una válvula en permanentes críticas mutuas y en muchas **controversias** sobre la legitimación del procedimiento en las Indias Occidentales.[6]

Cristóbal Colón

Así, **Cristóbal Colón (1451–1506)** escribe su *Diario de a bordo* (1492) para **justificarse** frente a los **Reyes Católicos** porque le financiaron su expedición, frente a **España** que espera el éxito de su empresa y frente a **otros países** (Inglaterra, Portugal) cuyos reyes no creyeron en sus teorías.

Como Colón reconoce que no descubrió la ruta de la India, se ve obligado a presentar **resultados prometedores**, es decir, describe los países que descubre como el paraíso mismo con **increíbles bellezas**, gente innumerable y muchas cosas que serán de provecho para España.

Un motivo central en este contexto es la **extensión de la religión cristiana** que utiliza para justificar su empresa ante la **Iglesia Católica**. Pero Colón también **se glorifica a sí mismo** y, así, se presenta en varios papeles, ante todo en el del descubridor infatigable de países lejanos y en el del servidor de los reyes españoles y de Dios, porque ayuda a aumentar el número de los cristianos y a reducir el de los infieles.

El **prototipo (1485–1547)** de los **conquistadores** se presenta en sus *Cartas de relación* **(1519–1526)** en varios papeles para convencer a Carlos V de la importancia de todas sus acciones y de la utilidad de la expedición para España. Por supuesto, Cortés es ante todo un buen soldado y **leal vasallo** del emperador lejos de la patria. Aparte de que es un **estratega militar** de primera categoría, el extremeño se caracteriza como un **pacificador benigno** de los pueblos indígenas. Siempre logra reconciliar a los enemigos e incluso hace que traben amistad, o sea, es también un buen **diplomático**. Al fin y al cabo, se presenta a sí mismo en el papel del **colonizador** de la tierra recién conquistada, con lo que quiere poner de relieve que sus servicios y sus méritos son sumamente provechosos para la Corona española.

Hernán Cortés

El **dominico Bartolomé de Las Casas (1474 – 1566)** critica en su *Brevísima relación de la destrucción de las Indias* **(1552)** los métodos brutales de los españoles al explotar los territorios recién descubiertos y conquistados.

Las Casas

Subraya que **tal explotación no es provechosa** ni para España ni para la Corona española, porque la verdad es que los conquistadores y colonizadores destruyen y devastan las riquezas y gran parte de aquella tierra. Para él, la conquista puede ser justificada sólo por la **extensión pacífica de la fe católica** y por eso aboga siempre por la **libertad** de los pueblos oprimidos.

La prosa didáctica

Típica del **Humanismo renacentista** es la prosa didáctica cuyo objetivo principal corresponde al lema horaciano del «aprovechar deleitando», o sea de combinar lo útil con lo agradable, lo deleitable. Entre los autores españoles que se dedican, en forma de **diálogos** o **coloquios**, a una prosa tal destacan los erasmistas **Alfonso (1490–1532)** y **Juan de Valdés (1509–1542)**, de Cuenca.

Humanismo

La obra principal **(1536)** de **Juan de Valdés** es una defensa del español vulgar. El libro, concebido como **conversación** entre cuatro interlocutores (Marcio y Coriolano, dos italianos, Pacheco, un español, y Valdés mismo) trata del origen del español, su desarrollo, la ortografía, el vocabulario, la gramática y el estilo. Sin embargo, no es un trabajo lingüístico-científico sino un **diálogo entre confidentes** de procedencia diferente que discuten sobre las normas del buen gusto, el provecho y el papel de la lengua y la literatura españolas en el siglo XVI.

Diálogo de la lengua

Los cuatro participantes analizan y critican también **obras literarias de la época**: el *Amadís de Gaula*, la novela de caballerías más popular del siglo XVI, la *Celestina* de Fernando de Rojas, *Cárcel de amor*, una novela sentimental de finales del siglo XV y las comedias de Torres Naharro, publicadas en Nápoles en 1517.

Crítica literaria

Toda la obra está impregnada de un ambiente de **amistad, respeto mutuo y tolerancia** ante opiniones diferentes que se intercambian de forma liberal y no dogmática en una finca rural. Allí se puede discutir tranquilamente, lejos de los negocios cotidianos, lejos también de un clima espiritual marcado por intolerancia religiosa, política y social, muy extendida en la vida pública de aquel entonces, que está caracterizada por guerras, inquisición, censura, la desconfianza frente a los luteranos, la expulsión de judíos y árabes y la conversión forzosa de los sefardíes y moriscos.[7]

Tolerancia

Los libros de caballerías. El *Amadís de Gaula*

Prosa de ficción

En el curso del Renacimiento se desarrollan varios subgéneros de la **prosa de ficción** que reflejan tanto los acontecimientos históricos **(novela morisca)** como las circunstancias sociales **(novela picaresca)** de la época. También se prolongan tradiciones medievales **(novela sentimental)** y se escriben narraciones en las cuales se mezclan aventuras con episodios amorosos **(novela bizantina)**. Jorge de Montemayor (1520–1561) contribuye considerablemente a la popularidad de la **novela pastoril** con la publicación de *Los siete libros de la Diana* **(1559)**, una selección de historias de amor en un ambiente bucólico o cortesano. Los dos tipos de novela más conocidos del Renacimiento español, sin embargo, son la **novela de caballerías** y la **novela picaresca** cuyos representantes más famosos vamos a analizar a continuación.

Amadís de Gaula

Durante los siglos XV y XVI los libros de caballerías gozan de gran prestigio. Están inspirados en los llamados ciclos artúrico (los caballeros del rey Arturo) y carolingio (los libros de Carlomagno), de procedencia francesa. En la literatura española, la novela más popular de este género es el *Amadís de Gaula* **(1508)**, de **Garci Rodríguez de Montalvo**.

Amor y hazañas

En esta „curiosa mezcla del mundo heroico y del lírico"[8] se pueden distinguir **dos hilos conductores**, que son típicos de los libros de caballerías y que tienen una larga tradición: el **amor** del protagonista, de origen real, a una dama idealizada, también de noble linaje, y un sinfín de **hazañas y aventuras** que el héroe principal, Amadís, tiene que superar antes de poder vivir feliz con su amada Oriana.

Elementos típicos

Igualmente característicos del género son los **personajes** de la novela: reyes, princesas, hidalgos, brujos, hadas, gigantes y eremitas actúan a lo largo de los episodios fantásticos que acontecen por un lado en **regiones auténticas** (Inglaterra, Escocia, países mediterráneos) y por otro lado en **parajes imaginados**. No en último lugar debido al ambiente fabuloso –castillos encantados, palacios y paisajes míticos– en el que el protagonista se lanza a sus aventuras, de las cuales, por supuesto, siempre sale victorioso, aunque a veces sólo gracias a la ayuda de leales escuderos y buenas hadas, Neuschäfer habla de „literatura de evasión nostálgica" que recuerda „mejores tiempos".[9]

Estructura

Sin embargo, no sólo los lugares de la acción son muy diferentes, sino también los episodios con un elevado número de personajes secundarios, de forma que la estructura de la novela, a primera vista a veces un poco caótica, se compone de **un abanico de aventuras caballerescas**. La trama se sitúa, desde el punto de vista temporal, en un marco histórico remoto y legendario, „no muchos años después de la Pasión de Nuestro Redentor y Salvador Jesucristo", como supone Pérez Rasilla, „con el deseo de adelantar la existencia de Amadís a la de los héroes de la corte del Rey Arturo".[10]

Amadís y Oriana

Mientras que Amadís personifica el **prototipo del hidalgo** honroso, valioso y leal, que corresponde, como detalla Avalle-Arce, a todos los postulados esperados de un **héroe cortesano** de entonces,[11] su amada **Oriana** representa perfectamente los valores atribuidos a las figuras femeninas en el mundo de la novela de caballerías de aquel entonces. „Sus rasgos más definidos", comenta Pérez Rasilla, „son su hermosura, su dulzura y su fiel amor a Amadís desde la niñez".[12] Estos rasgos se combinan, además, con **pasión** y **orgullo**.

Estilo

Desde la perspectiva estilística, el *Amadís* es uno de los ejemplos más logrados de su género. Ya en 1536, **Juan de Valdés** pone de relieve en el *Diálogo de la lengua*: „Y vosotros, señores, pensad que, aunque he dicho esto de *Amadís*, también digo tiene muchas y muy buenas cosas, y que es muy digno de ser leído de los que quieren aprender la lengua."[13]

También **Miguel de Cervantes** aprecia la elegancia del lenguaje de Rodríguez de Montalvo. Por eso, el *Amadís* no sufre el sino de ser quemado durante el escrutinio de los libros en el patio de Don Quijote, porque es „el mejor de todos los libros que de este género se han compuesto, y así, como a único en su arte, se debe perdonar".[14]

El *Amadís* desencadena toda una ola de libros de caballerías en España y otros países europeos. Entre los sucesores y epígonos son dignos de mencionar: *Sergas de Esplandián*, de Montalvo, el *Amadís de Grecia*, de Silva, *Don Florisando*, de Páez de Ribera y el ciclo de *Palmerín*.

El eco entre los lectores eruditos no es unánime. **Santa Teresa de Jesús**, **San Ignacio de Loyola**, el ya mencionado **Valdés** y **Carlos I**, dicen, eran aficionados a las novelas de caballerías, el humanista **Juan Luis Vives** y **Fray Luis de Guevara** contrarios de tales libros, porque temían la trivialización de la literatura y la decadencia moral de sus lectores, aunque ninguna de las novelas publicadas tenía problemas de pasar la censura.[15]

Valoración

Vidrio de un caballero andante y su dama en el Alcázar de Segovia

La novela picaresca. El *Lazarillo de Tormes*

Un antihéroe

A mediados del siglo XVI aparece una figura literaria que no quiere caber en absoluto en el esquema de los gloriosos héroes cuyas hazañas impresionan a princesas amenas y encantan a los lectores contemporáneos, porque contrasta totalmente con los protagonistas de los libros de caballerías tan populares de entonces.

En **Salamanca** nace el **prototipo del antihéroe** que personifica justamente lo contrario del caballero adinerado de noble estirpe: **Lazarillo de Tormes**, el **pícaro**. El paisaje literario de la época no lo revoluciona un descendiente de linaje real sino un muchacho pobre y miserable cuyos padres pertenecen a la capa social baja. Su «currículum vitae», desde el nacimiento hasta la boda con la criada de un arcipreste, es una **parodia** del héroe épico y sus hazañas. La serie de experiencias dolorosas, episodios adversos y aventuras nauseabundo-grotescas provoca tanto la risa como la compasión y la reflexión del lector.

Género literario

Lazarillo de Tormes (**1554**) es una **narración picaresca** anónima que se caracteriza por los siguientes elementos genéricos:

Es una **autobiografía ficticia** que sirve de base para una **crítica** de los **defectos sociales y políticos** de la época por un lado y de los **vicios humanos** en general por otro lado.

A lo largo de la obra se mezclan **dos perspectivas narrativas**, la **retrospectiva** de una persona mayor, que trata de justificar su estado final de deshonor mediante su «currículum vitae», y la del **protagonista-actor**, el joven Lazarillo, que trata de sobrevivir en una sociedad hostil.

Las narraciones picarescas suelen tener una **estructura episódica** condicionada por los **diferentes servicios** del pícaro como **criado de varios amos**. El lector puede ver fácilmente que el autor no está interesado en una evolución continua de su protagonista sino que los oficios de éste subrayan y ponen de relieve la crítica social de las distintas capas de la sociedad. La estructura episódica permite la continuación de la narración en el caso de su éxito.

Realismo

La **integración de la realidad** es otro factor constitutivo de las narraciones picarescas. Las aventuras y adversidades del protagonista se desarrollan ante un telón de fondo de un **mundo cotidiano** y más familiar para los lectores que el ambiente de fábulas mitológicas, aventuras caballerescas o vidas de santos. Los episodios tienen lugar, por ejemplo, en Salamanca y Toledo, es decir, en ciudades y sitios concretos y bien conocidos en aquel entonces.

Lectores

Protagonista

Monumento a Lazarillo y el ciego en Salamanca

La **integración de los lectores** se realiza en forma de un relato ficticio („Pues sepa Vuestra Merced") en el que el lector puede participar. Siempre hay una relación estrecha entre los sucesos de la narración y las lecciones morales.

El **protagonista** suele ser el narrador de los acontecimientos, es oriundo de las clases sociales más bajas y vive en circunstancias familiares muy tristes. Su vida la constituyen la pobreza, el hambre, las palizas y la venganza. Es un criado astuto de muchos amos que quiere integrarse en la sociedad aunque la critica, anhelando una posición social más alta. Lazarillo alcanza su objetivo al precio de un **estado final de deshonor** porque como mercader de su propio matrimonio acepta su papel como marido cornudo. Presenta el resultado de sus esfuerzos como „cumbre de toda buena fortuna".

Sátira

Lazarillo de Tormes es una sátira. Se caracteriza por la actitud del autor que se manifiesta en la distancia que éste mantiene frente al tema a causa de su superioridad intelectual. Su **intención** es **didactizar y moralizar**, es decir, su lema es deleitar aprovechando.

Con respecto al **modo de describir** los sucesos, hay que poner de relieve que el autor exagera intencionadamente acentuando la actualidad y la autenticidad de lo descrito. Manipula y **caricaturiza la realidad** y sustituye una acción lógica por elementos singulares y acumulados. La sátira quiere **entretener reflejando las deformaciones de la sociedad** cuyos vicios, defectos o ridiculeces censura en un tono agresivo para que el lector empiece a reflexionar. Otra de sus intenciones es la de sensibilizar al lector para la crítica y la protesta.

Temas

Los **temas de la sátira** son muy variados, pero hay temas preferidos tratados en un **tono satírico-burlesco**. Como consecuencia, los **personajes** de la sátira aparecen en la narración picaresca como **representantes viciosos** de una capa social o de una profesión. Se suele criticar especialmente a clases sociales como por ejemplo a clérigos hipócritas, a la nobleza venida a menos o a hidalgos pobres. Pero también se critica a mendigos, a ciegos o a celestinas.

Función

La función principal de la sátira consiste en el **desengaño**, es decir, en **desenmascarar un mundo aparente** que se presenta tan exageradamente distorsionado que al fin y al cabo se desmorona, porque su estructura social es demasiado frágil.

Tractado séptimo

También el último «tractado», cuando Lazarillo piensa haber llegado a la cumbre de toda buena fortuna, contiene muchos elementos satíricos, porque esta «cumbre» es en realidad el **punto más bajo de su decadencia moral**. Tras haber empezado como niño describiendo y satirizando los defectos de la sociedad, **Lazarillo** se convierte poco a poco en hipócrita y de esta forma en **un objeto de la crítica satírica** del autor anónimo. Así la actitud simpática del escritor frente a su protagonista joven de los primeros capítulos se convierte en el curso de la narración en una crítica dura frente al Lázaro adulto que personifica el intento grotesco de los que viven fuera de la sociedad establecida de integrarse en ella, aceptando sus normas hipócritas y sus deformaciones morales.

■ El teatro del Renacimiento

En las décadas después del éxito de *La Celestina*, diferentes formas teatrales evolucionan paulatinamente, y el teatro como género literario experimenta un auge espectacular durante el Siglo de Oro. Varios autores tratan de esbozar definiciones y reglas o encontrar criterios obligatorios de los subgéneros dramáticos. El **primer dramaturgo** español que concibe algo como una **poética** de la comedia es el extremeño **Bartolomé de Torres Naharro (h. 1485–h. 1540)** cuando expone en el «Prohemio» a la *Propalladia* **(1517)** que la comedia es „un artificio ingenioso de notables y finalmente alegres acontecimientos por personas disputado". En esta primera definición las palabras clave son „ingenioso", porque la invención es de suma importancia en la comedia del Siglo de Oro, „alegre", con lo que se excluye un desenlace trágico, y „por personas disputado", un enorme avance frente a obras anteriores en las cuales los «actores» sólo recitaban o narraban la acción –ahora deben representarla.

Primera poética

La comedia. Bartolomé de Torres Naharro

Los críticos literarios coinciden unánimemente en que Torres Naharro es el **dramaturgo más importante** del Renacimiento y que su obra significa un „avance inconmensurable" para el teatro de aquella época, porque contribuye muchísimo al **desarrollo de la teoría y práctica** del teatro en el Siglo de Oro.[16]

Valoración

Torres Naharro pasa muchos años en Italia donde publica también su obra principal, una colección de romances, sonetos, epístolas y seis comedias que ocupan la mayor parte del libro. Entre ellas destaca la *Comedia Ymenea*, de la cual dice Romera-Navarro que es „una de las piezas más acabadas y primorosas del primitivo teatro español" a causa de su „armonía de composición, perfección técnica y verdadera concepción dramática".[17] Además, la *Himenea* es un nexo importante entre *La Celestina* y el teatro del Barroco cuyo influjo se nota también en las comedias de capa y espada de Lope de Vega o Calderón de la Barca.

Propalladia (1517)

> **Himenea. Trama**
> La trama se puede resumir en pocas palabras: Himeneo, un joven galán, está enamorado de Febea, también de origen noble. Sin embargo, el marqués guarda cuidadosamente a su hermana y quiere impedir cualquier acercamiento de Himeneo (**primera jornada**). A pesar de ello, éste logra convencer a Febea de encontrarse con él (**segunda jornada**). La **tercera jornada** parodia la acción principal en el nivel de los criados: Boreas se enamora de Doresta, la criada de Febea. En la **cuarta jornada**, Himeneo visita a su dama gracias a la ayuda de sus criados Boreas y Eliso, pero el marqués lo descubre. Para restablecer la honra perdida, quiere matar a su hermana. En seguida aparece Himeneo, convence al marqués de la honestidad de sus sentimientos y así salva a Febea. Su hermano permite la boda de los amantes y también se casarán los criados. La intriga de amor encuentra un desenlace feliz (**quinta jornada**).

En la pieza destacan tanto una **estructura clara** como una **dramaturgia exacta**. Con unos 1.700 versos es más corta que los dramas posteriores del Barroco. Además se compone todavía de **cinco jornadas** mientras que los autores del siglo XVII prefieren tres actos.

Estructura

La primera jornada forma la **exposición** de la comedia. Se presentan los personajes principales y se bosqueja el conflicto implícito. Con la segunda jornada **aumenta la tensión**. Desde el punto de vista dramático la tercera jornada tiene la función de **retardar el suspense** por la transferencia de la acción al nivel de los criados. La cuarta jornada **reanuda la acción** y prepara el clímax cuando el marqués descubre a Himeneo. Justamente en el momento de la **máxima tensión** cae el telón. En la quinta jornada Himeneo salva a Febea de la muerte y **se soluciona el conflicto**. A partir de este momento, la acción se desarrolla rápidamente hacia un **desenlace feliz** con las dos bodas.

Teniendo en cuenta lo que hemos dicho sobre el contenido y la estructura, podemos verificar, como hemos sugerido antes, que en la *Himenea* ya aparecen

Elementos

todos los **ingredientes de la comedia de capa y espada**, tan popular en el teatro barroco de Lope, Tirso o Calderón: „intriga de amor, serenatas, amago de pendencias y coloquios nocturnos, la guarda cuidadosa del hermano de la dama, dispuesto a lavar con sangre la afrenta, criados confidentes y cobardes, amoríos del criado y la doncella en parodia con los amores del caballero y la dama."[18]

Verosimilitud

A pesar de todos estos elementos en poco espacio se puede afirmar, sin embargo, que su combinación no es exagerada, que el conflicto principal no es demasiado complicado y que el desarrollo no es ilógico como ocurre con frecuencia en las comedias barrocas que parecen sobrecargadas debido al gran número de factores sorpresa y detalles artificiales. Así la intriga, aunque ficticia, cumple todavía el criterio de la **verosimilitud**.

Himenea – Celestina

Varias veces los críticos han subrayado los elementos comunes de la obra de Torres Naharro con *La Celestina*. A nuestro parecer, sin embargo, saltan más a la vista las **diferencias** entre las dos piezas, tanto con respecto a los personajes como a los motivos. Primero: Una alcahueta como la protagonista de la obra de Rojas falta por completo. Segundo: Himeneo, aunque muy enamorado, no es tan desenfrenado como Calisto. No quiere conquistar a Febea sino confesarle su sincero amor. Tercero: *La Celestina* termina, debido a la muerte de cinco personajes principales, como tragedia, la *Himenea*, en cambio, como comedia gracias al desenlace feliz, con las bodas entre los amantes.

La tragedia. Miguel de Cervantes

Valoración

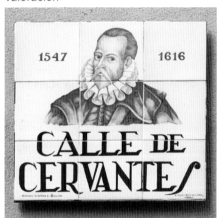

Calle madrileña dedicada a Miguel de Cervantes

Con ***El cerco de Numancia* (1583)** de Miguel de Cervantes nos encontramos ya en la fase de transición al Barroco. Aunque las interpretaciones varían en los detalles, la crítica literaria está convencida de que Cervantes escribió con esta obra la **primera tragedia nacional española**.

Mientras que Valbuena Prat habla en este contexto de ideas de „la gran tragedia nacional", Casalduero supone que *Numancia* es „quizá la mejor tragedia española" y Zimic afirma que es „la tragedia nacional por antonomasia".[19] La obra cervantina era tan popular que durante los siglos siguientes sirvió de base para muchas elaboraciones dramáticas e incluso en el siglo XX *El cerco de Numancia* fue llevado al escenario en una versión elaborada por **Rafael Alberti (1937)**, con claras alusiones al cerco de la capital por las tropas del general Franco. En **1968**, finalmente, **Alfonso Sastre** escribe otra adaptación que estriba sobre el fundamento de la tragedia de Cervantes, esta vez en medio de confrontaciones ideológicas, políticas y bélicas de los años 60.

Contenido

El cerco de Numancia de Cervantes trata de la lucha heroica de los numantinos contra la ocupación romana bajo el mando de Cipión que «conquista» la ciudad en el año 133 a. C. después del suicidio colectivo de sus habitantes, los cuales no querían rendirse a los opresores. Numancia se convierte así en el **símbolo de la resistencia ibérica** contra la opresión romana.

Género

Mientras que la comedia, como hemos visto en el caso de la *Himenea*, se caracteriza, entre otras cosas, por un desenlace feliz, la **tragedia** es una „representación dramática de una acción grave (su protagonista sucumbe fatalmente a un destino aciago), en la que intervienen personajes nobles (dioses, héroes, reyes, etc.), y de la que se sigue un efecto purificador en los espectadores".[20] No cabe duda alguna de que todos estos ingredientes están presentes en la obra cervantina de la que dice Estébanez Calderón: „La tragedia más lograda es *La Numancia*, de Cervantes."[21]

Interpretaciones

Entre las posibles versiones de lectura, la más convincente es la de carácter **histórico-político** en el conjunto del siglo XVI tardío en España. Pensando en las circunstancias políticas de Europa en los años cuando Cervantes elabora el tema de Numancia para su tragedia, es fácil reconocer en las palabras siguientes, que el poeta pone en boca de la figura alegórica Duero, no sólo el orgullo de un poeta debido a la grandeza y al poder de su país sino, al mismo tiempo, una **advertencia** cuando escribe: „¡Qué envidia, qué temor, España amada, / te tendrán mil naciones estranjeras, / en quien tú teñirás tu aguda espada / y tenderás triunfando tus banderas!" (I, 521–524).

Lo que ocurre es que España, después de la conclusión exitosa de la Reconquista bajo el mando de los Reyes Católicos en 1492 y a causa de una política expansiva durante la conquista de las Indias Occidentales en la época de Carlos V (1516–1556), se había convertido temporalmente en una **potencia mundial**. De forma análoga al Imperio Romano en el segundo siglo a.C., el país persiguió también durante el reinado de Felipe II (1556–1598) una **política exterior agresiva**, caracterizada por muchas guerras y poca tolerancia frente a grupos minoritarios.

Felipe II luchó enérgicamente contra el protestantismo y emprendió guerras en Francia y los Países Bajos. En 1571 fueron derrotados los otomanos en la batalla de Lepanto, en la cual, por cierto, participó también Cervantes. Casi al mismo tiempo tuvieron lugar conquistas costosas en América y en el archipiélago de las Filipinas, denominadas según el monarca habsburgo. En 1580 incluso se proclamó rey de Portugal. Sin embargo, hacia finales de su reinado, se vio que **tampoco España era invencible** – el desastre de la Armada española en la batalla naval contra Inglaterra lo demostró inequívocamente.

Para recordar:

◆ En la lírica renacentista las corrientes más importantes son la poesía italianista, la ascética y la mística.
◆ Entre los poetas destacan Garcilaso de la Vega, Fray Luis de León y San Juan de la Cruz.
◆ Las formas poéticas más frecuentes y populares son églogas, sonetos y odas.
◆ Debido a los descubrimientos y la colonización de las Indias Occidentales, la historiografía experimenta un auge espectacular en la primera mitad del siglo XVI.
◆ Los protagonistas de las acciones lejos de España se convierten en autores de historias, relatos o diarios.
◆ Un subgénero renacentista de gran envergadura es la prosa didáctica cuyos representantes más importantes son los hermanos Valdés.
◆ En la prosa de ficción destacan los libros de caballerías, muy populares a lo largo de todo el siglo XVI. El libro más representativo es el *Amadís de Gaula*.
◆ Con la publicación anónima de *Lazarillo de Tormes* aparece, a mediados del siglo, el prototipo de la novela picaresca.
◆ El teatro renacentista goza de creciente popularidad.
◆ Torres Naharro concibe la primera poética y publica varias comedias en Italia.
◆ Hacia finales del siglo XVI Cervantes escribe la primera tragedia nacional española, *El cerco de Numancia*.

📖 **Para saber más:**

◆ Bennassar, B.; Vincent, B.: *Spanien. 16. und 17. Jahrhundert*, Stuttgart 1999.
◆ Prieto: *La poesía española del siglo XVI*, Madrid 1984–1987.
◆ Baruzi, J.: *San Juan de la Cruz y el problema de la experiencia mística*, Junta de Castilla y León 1991.
◆ Lindau, H. C.: *Crónicas de Indias im Spanischunterricht*, Bonn 1992.
◆ Bataillon, M.: *Erasmo y España*, México 1966.
◆ Gier, A.: „Garci Rodríguez de Montalvo: *Amadís de Gaula*", in Roloff, V.; Wentzlaff-Eggebert, H. (Hg.): *Der spanische Roman. Vom Mittelalter bis zur Gegenwart*, Stuttgart 1995, S. 11-29.
◆ Criado de Val, M. (Hg.): *La picaresca*, Madrid 1979.
◆ Lindau, H. C.: *Narraciones picarescas im Spanischunterricht. Spielarten der Satire und Groteske im Geiste des Siglo de Oro*, Bonn 1995.
◆ González Ollé, F.: „Die Anfänge des spanischen Theaters", in Pörtl, K. (Hg.): *Das spanische Theater von den Anfängen bis zum 19. Jahrhundert*, Darmstadt 1985, zu Torres Naharro S. 57-64.
◆ Zimic, S.: *El teatro de Cervantes*, Madrid 1992.
◆ González Maestro, J.: *La escena imaginaria: poética del teatro de Miguel de Cervantes*, Madrid 2000.

■ La lírica del Barroco

Nuevas tendencias

A partir de los años 80 del siglo XVI algunos poetas renuevan la lengua, introducen otros temas o modifican la métrica de la lírica renacentista. Compiten varias escuelas poéticas (la sevillana, la madrileña, la granadina) y el abanico estilístico del lenguaje se amplía cada vez más. Con respecto a la estética, destacan dos corrientes: el **culteranismo**, representado sobre todo por **Luis de Góngora (1561–1627)** cuya poesía se caracteriza por un lenguaje retóricamente complejo con muchos cultismos y una sintaxis sumamente elaborada, y el **conceptismo**, cuyo máximo representante es **Francisco de Quevedo (1580–1645)**. Sus composiciones líricas rebosan de alusiones sutiles, neologismos, juegos de palabras y experimentos verbales. A continuación vamos a contrastar estas dos corrientes ejemplificando sus conceptos con dos sonetos muy populares. Además presentaremos un soneto religioso anónimo, considerado por muchos críticos el poema más bello de la lírica española.

El culteranismo. Luis de Góngora

Obra

La **obra** de Góngora es **muy variada** y difícil de clasificar desde el punto de vista histórico-literario. Abarca, además de aproximadamente doscientos sonetos y cien romances, docenas de letrillas, muy irónicas, y algunos poemas grandes como la *Fábula de Polifemo y Galatea* (1612) o las *Soledades* (1614).

Soneto

Uno de los sonetos más conocidos de su creación literaria temprana va a ser ahora el objeto de la interpretación: ***Mientras por competir con tu cabello***, de **1582**, que trata la fugacidad, el carácter efímero de la existencia humana exhortando al **goce de la vida**.

Monumento a Luis de Góngora en Salamanca

Mientras por competir con tu cabello,
oro bruñido al Sol relumbra en vano,
mientras con menosprecio en medio el llano
mira tu blanca frente el lilio bello;

5   mientras a cada labio, por cogello,
siguen más ojos que al clavel temprano,
y mientras triunfa con desdén lozano
de el luciente cristal tu gentil cuello;

goza cuello, cabello, labio y frente,
10 antes que lo que fue en tu edad dorada
oro, lilio, clavel, cristal luciente,

no sólo en plata o vïola truncada
se vuelva, mas tú y ello juntamente
en tierra, en humo, en polvo, en sombra, en nada.

Estructura

En los cuartetos Góngora esboza el **retrato de una mujer**, comparando su cabello, su frente, sus labios y su cuello con objetos preciosos de la naturaleza –oro, lilio, clavel, cristal–, los cuales no pueden competir con la belleza perfecta de la dama idealizada.

A partir del verso 9, es decir, en los tercetos del soneto, la poesía se acerca –en forma de un apóstrofe– cada vez más al **desolado final**: hay que gozar la vida, disfrutar del placer de la existencia breve, porque su carácter es extremamente fugaz. Pronto todo se va a convertir en tierra, en humo, en polvo, en sombra y –al fin y al cabo– en nada.

Forma exterior

El poema es un **soneto** compuesto por catorce **endecasílabos**. En los cuartetos hay **rimas abrazadas** según el esquema ABBA ABBA. Los tercetos van encadenados CDC DCD. Góngora emplea **rimas consonantes**, o sea, a partir de la última vocal acentuada las vocales y las consonantes de las rimas son idénticas. Tanto en los cuartetos como en los tercetos Góngora utiliza **encabalgamientos** que contribuyen a la fluidez del lenguaje.

La estructura es muy complicada y sumamente artificiosa, pues hay varias co- Correlaciones
rrelaciones o **paralelismos léxicos**. Así existe una correlación entre los elementos
del retrato de la mujer (cabello, frente, labio, cuello) y los elementos de la naturaleza (oro, lilio, clavel, cristal) en los cuartetos que se repiten en el primer terceto.
Al final del soneto hay una nueva pluralidad de la correlación en el último verso:
tierra, humo, polvo, sombra con un elemento añadido, como un resumen: nada.

En el soneto abundan varios **recursos estilísticos**. Toda la segunda parte es un
apóstrofe, un recurso retórico que consiste en dirigirse a una persona, en este caso
una mujer muy bella, para exhortarla al goce de la vida. Se hace más intenso el
apóstrofe a causa de tres **acumulaciones**, es decir figuras de estilo que permiten la
enumeración (en su mayoría) asindética de detalles que evolucionan la idea principal: „goza cuello, cabello, labio y frente" (09), „oro, lilio, clavel, cristal" (11),
„en tierra, en humo, en polvo, en sombra, en nada" (14). Ante todo este último
verso, un **anticlímax** con cuatro sinalefas, intensifica la dramática fugacidad de la
existencia humana.

El conceptismo. Francisco de Quevedo

También la obra lírica del madrileño Francisco de Quevedo y Villegas, uno de los Obra
grandes poetas del Siglo de Oro español, tiene un **carácter variado**: encontramos
tanto poemas metafísicos, morales o religiosos como poesía de circunstancias,
amorosa o satírica.

El soneto elegido para la interpretación es, como opina Tusón, „un ejemplo Poesía satírica
eminente del retorcimiento y dificultad conceptistas", en el que „el ingenio distorsionante de Quevedo alcanza un ápice",[1] y pertenece, sin ningún género de dudas,
a los poemas satíricos más famosos de la literatura española.

Soneto a una nariz

Érase un hombre a una nariz pegado,
érase una nariz superlativa,
érase una alquitara medio viva,
érase un peje espada muy barbado;

5   érase un reloj de sol mal encarado,
érase un elefante boca arriba,
érase una nariz sayón y escriba,
un Ovidio Nasón mal narigado.

Érase el espolón de una galera,
10   érase una pirámide de Egito,
las doce tribus de narices era;

érase un naricísimo infinito,
muchísimo nariz, nariz tan fiera,
que en la cara de Anás fuera delito.

La forma exterior es **tradicional** y no presenta ninguna novedad: tanto los Forma exterior
endecasílabos abrazados de los cuartetos (ABBA ABBA) como los versos encadenados de los tercetos (CDC DCD) son consonantes y corresponden al **esquema
clásico del soneto**.

En cuanto al tema podemos constatar que la descripción –variada y exagerada– Tema
de una **nariz gigantesca** está en el centro del interés de Quevedo. Esta nariz domina absolutamente la fisonomía de una persona – tan absolutamente que el poeta no
habla en el primer verso de una nariz pegada a un hombre sino, al contrario, de „un
hombre a una nariz pegado" lo que nos sugiere que la nariz es casi más grande que
la persona, un primer ejemplo del procedimiento distorsionante del poeta.

Con respecto a los **recursos retóricos** salta a la vista inmediatamente el empleo anafórico de la forma verbal ‚érase' que aparece nueve veces y, de esta forma, pone de relieve el **carácter acumulativo** del poema. Sin embargo, esta anáfora no es el único medio estilístico que encontramos en este soneto que ejemplifica, según Rico, la „portentosa capacidad creativa" del poeta.[2] Otros son dilogías (4), hipérboles (6), juegos de palabras (5), comparaciones y metáforas (9, 10), neologismos (12) o el calambur en el verso final.

La lírica religiosa. *El soneto a Cristo crucificado*

Este soneto, anónimo y sin título, es un texto que ha adquirido un carácter **atemporal y universal**. La versión más antigua data de **1628**, no falta en ninguna antología poética, ha sido traducida a numerosas lenguas y forma parte del patrimonio de la humanidad. La fascinación del poema estriba sobre la **perfecta armonía** entre el **contenido** y la **forma exterior**, entre el mensaje y su expresión literaria. He aquí el texto:

> No me mueve, Señor, para quererte
> el cielo que me tienes prometido:
> ni me mueve el infierno tan temido
> para dejar por eso de quererte.
>
> 5 Muévesme tú, mi Dios; muéveme el verte
> clavado en una cruz y escarnecido;
> muéveme ver tu cuerpo tan herido;
> muévenme tus afrentas y tu muerte.
>
> Muéveme, en fin, tu amor, y en tal manera,
> 10 que aunque no hubiera cielo, yo te amara,
> y aunque no hubiera infierno, te temiera.
>
> No tienes que me dar porque te quiera;
> pues aunque cuanto espero no esperara,
> lo mismo que te quiero te quisiera.

El soneto tiene un **esquema tradicional**: los **endecasílabos** terminan **llanos**, los dos cuartetos se componen de **rimas abrazadas** (ABBA) y los dos tercetos riman según el esquema CDC. Para mantener el **metro regular** del endecasílabo, el autor anónimo se sirve en algunas ocasiones de sinalefas (v. 3, 5, 6, 10).

Todo el poema es un **apóstrofe** –el autor se dirige directamente a Dios. En el centro de sus pensamientos se encuentran el deseo y la intención de **amar a Dios**. Para subrayar la intensidad de este anhelo, el poeta aduce diferentes motivos y razones o, como en el primer cuarteto y en los tercetos, su negación. Así, por ejemplo, para querer a Dios **no** son necesarias una promesa (v. 2) o una recompensa (v. 12). Para amar a Dios, al «yo lírico» le mueve más bien el **aspecto de Dios crucificado** o la **pasión de Jesucristo**, su „cuerpo tan herido" (v. 7), su muerte, elementos expresados de forma afirmativa en el segundo cuarteto que forma una antítesis con el primero.

Debido a la anáfora prolongada –„Muéveme"– del verso 9, los tercetos están estrechamente relacionados con los cuartetos. En este verso aparece el **motivo principal** de amar a Dios: „tu amor" –el Amor Dei. Obviamente, el núcleo central del soneto se encuentra en este verso.

Los dos próximos versos corresponden, de forma reducida, a la temática del primer cuarteto, conteniendo un **paralelismo sintáctico** y una **antítesis semántica**. Así, las tres estrofas parecen tener una estructura cíclica, pero sobra todavía el segundo terceto, obligatorio según las reglas de composición del soneto.

Éste está relacionado con el primer terceto mediante el esquema de rimas y forma un paréntesis con el primer cuarteto porque empieza también con la negación „no" anafórica. El tema es el **amor a Dios** por sí mismo, como leemos en el verso 12. Un nuevo elemento que el poeta introduce ahora es la esperanza aunque no expresa concretamente qué espera. Sin embargo, podemos suponer que esta esperanza se refiere a la bondad de Dios y su gracia. En el último verso el poeta repite de forma enfática el carácter incondicional y altruista de su profundo amor a Dios.

Así, la tesis negativa del primer cuarteto, contrastada por la antítesis afirmativa del segundo cuarteto y el primer terceto, desemboca en la síntesis del segundo terceto que expresa la forma total y absoluta del concepto del amor divino. El estilo conceptista del soneto corresponde perfectamente a su tema exigente que recuerda elementos del camino místico que ya hemos conocido al leer *Noche oscura* de San Juan de la Cruz.[3]

Resumen

La prosa del Barroco

Dos tendencias

No sólo en la lírica sino también en la prosa se nota la transición al Barroco a finales del siglo XVI. La prosa barroca persigue principalmente dos tendencias: una corriente prefiere un **estilo sumamente elaborado,** rico en adornos. A ella pertenecen muchos novelistas del siglo XVII. La otra tendencia opta por un **lenguaje escueto** para poder expresar mucho en pocas palabras. A esta tendencia se acogen autores como el moralista Gracián.

Un autor, difícil de clasificar entre el Renacimiento y el Barroco, sobresale entre todos debido a su inmensa capacidad creadora, su imaginación ilimitada y un lenguaje tan rico que se convierte en el escritor más famoso y más leído de la literatura española: **Miguel de Cervantes Saavedra (1547–1616).** A su invención le debemos figuras universales e incomparables como Don Quijote de la Mancha o Sancho Panza, pero también muchas otras obras como *La Galatea* (1585), una novela pastoril, las *Novelas ejemplares* (1613) y *Los trabajos de Persiles y Sigismunda* (1616), de estilo bizantino. También escribe lírica y piezas teatrales.

Miguel de Cervantes

Cervantes nace en **Alcalá de Henares** (Madrid) y pasa sus años de juventud en Sevilla y Madrid. Como soldado participa en la famosa **batalla naval de Lepanto** contra los turcos **(1571)** en la cual sufre heridas en el pecho y la mano izquierda. Después de varios años en la cárcel de Árgel comienza su carrera como escritor en los años ochenta del siglo XVI. Frecuentemente está en **apuros económicos,** pero adquiere fama eterna escribiendo y publicando incansablemente. Cervantes muere el 23 de abril de 1616, exactamente el mismo día que William Shakespeare, otro genio de la literatura mundial.

Vida

Aunque Cervantes escribe varias obras poéticas, entre ellas *Viaje del Parnaso* (1614), romances, canciones y sonetos, él mismo admite que la poesía **no es su género favorito** y reconoce que la lírica es una „gracia que no quiso darme el cielo". La mayor parte de sus poemas está incluida en sus libros de prosa, por ejemplo como versos preliminares.

Obra poética

Ya en el capítulo anterior hemos visto que Cervantes logró escribir una **tragedia** de primera categoría, *El cerco de Numancia*. La mayoría de su obra dramática, sin embargo, son **comedias** (caballerescas, de costumbres, de enredo) de las cuales son dignas de mencionar *El gallardo español*, *Los baños de Árgel* o *Pedro de Urdemalas*. Famosos son asimismo algunos **entremeses**, que siguen la tradición renacentista de Lope de Rueda, como por ejemplo *El juez de los divorcios*, *El retablo de las maravillas* o *La cueva de Salamanca*.

Piezas teatrales

El género literario, por el cual Cervantes consigue la inmortalidad como escritor, es el género narrativo. Aquí supera a sus predecesores y abre **nuevos ho-**

Prosa

rizontes. Con todo derecho se puede decir que la narrativa moderna empieza con Cervantes.

A continuación, vamos a echar un vistazo a dos de sus obras narrativas más famosas. Sin lugar a dudas, el primer rango lo ocupa su obra principal, una de las novelas más importantes de la literatura mundial: *El ingenioso hidalgo Don Quijote de la Mancha* **(1605/1615)**. Además nos vamos a dedicar a una de las novelas cortas más graciosas y populares de la literatura española, la novela ejemplar *Rinconete y Cortadillo* **(1613)**.

Don Quijote de la Mancha

Valoración

Esta novela de **Miguel de Cervantes**, compuesta por dos partes, publicadas en 1605 y 1615, es considerada no sólo como „obra cumbre" de la literatura española,[4] sino que representa tanto el punto final de las formas populares de la narrativa medieval[5] como el comienzo de la novela moderna.[6]

Parodia

Al comienzo de la novela leemos que un **hidalgo empobrecido** de unos cincuenta años, al que los vecinos llaman Alonso Quijano «el Bueno», pierde el juicio después de haber leído demasiados libros de caballerías y, motivado por la lectura de estos libros, se pone a **imitar a los caballeros andantes** de aquellas épocas. Llamándose a sí mismo don Quijote de la Mancha, sale un día de su pueblo, equipado con armas pasadas de moda y un **caballo** viejo y flaco, **Rocinante**, que completa la impresión grotesca y caricaturesca del hidalgo.

Monumento a Don Quijote y Sancho Panza en Madrid

Como todos los caballeros andantes estaban enamorados de una **dama noble**, don Quijote se acuerda de una campesina, Aldonza Lorenzo, de la que había estado enamorado hacía muchos años. La convierte en su dama, llamándola **Dulcinea del Toboso**, y la **parodia burlesca de los caballeros medievales** queda perfecta.

Primera salida

Buscando aventuras, la primera salida lleva a nuestro hidalgo a una **venta** cercana, donde **es armado caballero** por el ventero en una escena ridícula. Poco después recibe una paliza por unos mercaderes a los que ataca porque han ofendido a su dama. Un vecino, que pasa por casualidad, reconoce a don Quijote y le ayuda. El hidalgo regresa a casa después de haber tenido que experimentar que el mundo es malo e injusto.

Mientras don Quijote se recupera, el cura y el barbero, dos amigos suyos, hacen un **escrutinio en la librería** del hidalgo y queman la mayoría de los libros de caballerías porque creen que son la causa de su «enfermedad».

Segunda salida

Poco después, sin embargo, don Quijote prepara la segunda salida durante la cual le acompaña –en el papel de un **escudero**– un vecino, Sancho Panza, al que el hidalgo promete el gobierno de una ínsula como recompensa de sus servicios, otro ingrediente de las novelas de caballerías parodiado.

Aventuras

La **yuxtaposición de aventuras** sueltas llena el resto del primer tomo de la obra. Mencionarlas todas es imposible en el marco limitado de este capítulo; las más conocidas son seguramente las luchas del hidalgo contra los **molinos de viento**, que se han convertido en su imaginación en gigantes, o contra las **ovejas** que confunde con ejércitos, la **liberación de los galeotes** y la batalla contra los **cueros de vino**. El esquema de estas aventuras es siempre el mismo: **don Quijote deforma la realidad** mientras que Sancho Panza, el campesino realista, trata de impedir –en vano– lo peor.

Sin embargo, en este conjunto de ideas hace falta subrayar que Sancho es un **carácter polifacético** y mucho más complejo de lo que a primera vista parece. El labrador pobre, que vive con su familia en circunstancias miserables, se convierte poco a poco en un fiel criado que –casi– siempre está al lado de su amo. Mostrando a veces rasgos de un pícaro, otras veces características de un gracioso, Sancho traba en el curso de las muchas aventuras, situaciones ridículas y fracasos que don Quijote vive y padece, una **profunda amistad con el hidalgo** que perdura todas las vicisitudes de la vida.

Entre las aventuras grotescas Cervantes inserta **innumerables conversaciones** del hidalgo con su escudero que subrayan sus perspectivas antitéticas, **discursos** de Quijote, por ejemplo sobre la Edad de Oro o las armas y las letras, y algunas **novelas intercaladas** que reflejan variedades de la narrativa de entonces. Discursos

Estas inserciones e historias secundarias confirman, analiza Neuschäfer, la dimensión moral de la novela y „verschaffen der Haupthandlung eine zusätzliche Tiefendimension, indem sie deren Problematik wie in einem Brennspiegel zusammenfassen".[7] Dimensión moral

La segunda parte, publicada diez años después de la primera –también como respuesta a una continuación apócrifa–, amplía otra vez el horizonte. El **radio geográfico** limitado (un pueblo manchego en los primeros capítulos, luego La Mancha) se extiende en la **tercera salida** hasta Barcelona. A diferencia de la primera parte, en la que la fantasía del hidalgo es el punto de arranque de sus hazañas ridículas, don Quijote y Sancho son ahora el **objetivo de las burlas** de otros personajes. Así, por ejemplo, los dos protagonistas se ven confrontados con aventuras en el palacio de los duques, entre ellas el episodio de **Clavileño** y el **gobierno de la ínsula**. Segunda parte

Además, hay ahora un plan narrativo concreto: el bachiller **Sansón Carrasco** quiere curar a don Quijote de su «enfermedad» y lo logra después de dos duelos. Al ser vencido por el bachiller, disfrazado como Caballero de la Blanca Luna, el hidalgo vuelve a casa, deja de ser caballero andante y muere poco después, con lo que termina la novela. Plan narrativo

Finalmente, hay que mencionar un **elemento narrativo** conocido como la sanchificación de don Quijote y la quijotización de Sancho Panza: a partir del encuentro con la Dulcinea encantada **las perspectivas** del hidalgo y su escudero **se entrecruzan**, es decir, don Quijote es cada vez más realista mientras que Sancho se identifica cada vez más con el mundo fantástico de su amo. Así vemos que en realidad don Quijote y Sancho Panza son **dos facetas diferentes de un solo ser humano**. Sanchificación / Quijotización

Este resumen comprimido, que pasa por alto una multitud de episodios y las historias intercaladas, ya sugiere la complejidad de la obra estructurada según el principio barroco del orden desordenado.[8] Orden desordenado

También las áreas temáticas son **múltiples** y sólo pueden ser esbozadas en este lugar. La novela empieza como una **invectiva** contra los libros de caballerías, un género literario muy popular en aquella época, parodiado por Cervantes. Ampliando los límites de esta parodia, el autor desarrolla paulatinamente una **obra metaliteraria** que desemboca en un **compendio** de los géneros y subgéneros narrativos conocidos hasta finales del siglo XVI. Paralelamente, Cervantes contribuye mucho a la **evolución de la novela** en el sentido moderno de la palabra. Entre estas aportaciones podemos mencionar tanto la integración verosímil de la realidad y el mundo de la imaginación como la **plurisignificación** de los caracteres o el cruce de sus planos psicológicos.[9] Áreas temáticas

Los contrastes representados por Quijote y Sancho no se limitan a estas figuras. Relacionados con ellos están por ejemplo los principios de **ilusión y desengaño**, de **burlas y veras**, de **locura y cordura**, elementos que estructuran en un nivel más profundo una obra cuyo lema es, desde la primera página, el del **deleitar aprovechando**. Contrastes

Desde luego, el amor también juega un papel de primera categoría en el *Quijote*. Este amor no se agota en la figura de la Dulcinea –Aldonza, es decir, en un elemento burlesco que parodia una convención literaria, sino que llega a tener, poco a poco, la **dimensión cristiana** del amor al prójimo. Estrechamente relacionados con el amor están, a su vez, los temas de la **justicia**, de la **tolerancia** y de la **libertad**, motivos por los cuales el protagonista emprende sus aventuras en un mundo poco justo, tolerante o libre.[10]

Técnicas narrativas

Finalmente, las técnicas narrativas empleadas por Cervantes son un tema digno de tratar. Leyendo el *Quijote* nos preguntamos de vez en cuando **quién cuenta esta historia**. En algunos capítulos esta pregunta no es fácil de contestar porque Cervantes mezcla intencionadamente las perspectivas de narración de tal forma que estamos despistados.

Autor – narrador

El **juego de las perspectivas** ya empieza al principio del primer capítulo cuando aparece un **autor ficticio y todavía anónimo** cuyo «cuento» estriba en diferentes escritos manchegos y que sirve a su vez como **fundamento de una historia**. Se trata, pues, del cuento de un cuento, o de un cuento recontado por un **narrador principal** cuya función es también la de un **editor**.

Después del capítulo octavo ocurre algo inesperado: **se interrumpe el relato** en un momento lleno de suspense y tenemos que leer que el autor de esta historia no pudo seguir escribiendo porque no encontró más detalles sobre las hazañas de don Quijote.

Narrador – editor

Un **segundo autor** introducido por el narrador-editor es **Cervantes mismo** que **actúa como personaje** (en la primera persona de singular) en su propio libro **buscando** –con éxito– el **manuscrito inacabado**, como leeremos más tarde. Esto significa que hay que diferenciar entre un **Cervantes-personaje** y un **Cervantes-narrador-editor**.

El procedimiento de interrumpir bruscamente un relato es típico de los libros de caballerías y sirve para aumentar el suspense. Cervantes, conociendo perfectamente este recurso, lo emplea una vez más para **parodiar** este género literario al igual que **finge ser sólo el editor** y no el «primer autor» de la historia, un **tópico** de la literatura del Siglo de Oro del que asimismo se burla. Al principio del capítulo IX, pues, Cervantes aparece en su novela y busca sin cesar la continuación de esta „sabrosa historia". **El azar le lleva a Toledo** donde encuentra „unos cartapacios y papeles viejos" escritos en „caracteres arábigos".

Manuscrito árabe

Con este «hallazgo» se aclara por un lado la **supuesta fuente** de la historia, por otro lado Cervantes logra desarrollar magistralmente una **red de perspectivas** mediante un **artificio genial**. Toda la historia estriba, según Cervantes, en el **relato de un historiador árabe** escrito en unos cartapacios –una invención que parodia de nuevo el procedimiento de los autores de las novelas de caballerías que solían escribir sus cuentos en idiomas antiguos, porque el árabe no se consideraba en esta época como una lengua venerable y **los autores árabes eran poco fiables**.

Siendo las circunstancias así –**dependiendo de unos legajos árabes y un moro aljamiado como traductor**– Cervantes puede «observar» tranquilamente desde una posición al fondo cómo continuará la historia de su hidalgo en una red narrativa donde **las fronteras entre realidad y ficción**, entre **verdad** e **invención**, entre **autenticidad** e **imaginación se descomponen** cada vez más.

Otras técnicas

De vez en cuando Cervantes interrumpe el relato de la acción principal por unas **historias intercaladas** que la reflejan, que varían los episodios u ofrecen otras perspectivas de un acontecimiento. Por eso, el lector tiene a veces –después de la lectura de una historia independiente de varios capítulos– ciertos problemas de retomar el hilo conductor de la narración principal. Mientras que esta técnica de las **historias insertadas** se deriva del **mundo narrativo oriental**, el procedimiento de complicar la red narrativa mediante **diálogos y discursos** tiene otro origen: la **tradición humanista** de desarrollar conversaciones en un círculo de amigos o confidentes.

Segunda parte

También en la **segunda parte** del *Quijote* Cervantes sigue complicando el juego de las perspectivas, variando los diferentes puntos de vista, aunque casi parece imposible. Así, por ejemplo, el relato desde la perspectiva del historiador árabe se interrumpe y **los personajes aparecen como figuras independientes**. El bachiller Sansón Carrasco habla (como personaje de la historia) con el hidalgo sobre los autores y el éxito de la primera parte. Más tarde, incluso el **traductor árabe** aparece como personaje, expresa su opinión sobre lo que escribió el historiador arábigo y, de esta manera, complica la situación hasta lo grotesco.

Estructura circular

Dos recursos geniales cierran el círculo narrativo del libro después de más de mil páginas y 126 capítulos en dos tomos extensos. Cuando don Quijote muere como Alonso Quijano el Bueno, Cervantes impidió por este truco que –como había ocurrido después de la publicación del primer tomo– un autor apócrifo continuara la historia de «su» hidalgo:

„Viendo lo cual el cura, pidió al escribano le diese por testimonio como Alonso Quijano el Bueno, llamado comúnmente don Quijote de la Mancha, había pasado desta presente vida y muerto naturalmente; y que el tal testimonio pedía quitar la ocasión de algún otro autor que Cide Hamete Benengeli le resucitase falsamente, e hiciese inacabables historias de sus hazañas.“ (II, LXXIV)

Y **reanuda la primera frase** del libro: „En un lugar de la Mancha, de cuyo nombre no quiero acordarme...“, comentando por qué Cide Hamete no lo había mencionado intencionadamente –una última alusión a la literatura clásica que prueba que Cervantes había concebido magistralmente toda su novela:

„Este fin tuvo el ingenioso hidalgo de la Mancha, cuyo lugar no quiso poner Cide Hamete puntualmente, por dejar que todas las villas y lugares de la Mancha contendiesen entre sí por ahijársele y tenérsele por suyo, como contendieron las siete ciudades de Grecia por Homero.“ (II, LXXIV)

La **estructura circular** queda patente y –como en el caso de las publicaciones y traducciones del *Quijote*– la profecía se ha cumplido: el viajero del siglo XXI puede convencerse, recorriendo La Mancha, de que don Quijote «vive», en cada pueblo, en cada plaza, en cada venta.

Las *Novelas ejemplares*. Rinconete y Cortadillo

¿Novela picaresca?

En **1613** Cervantes publica una colección de doce historias, a primera vista realistas y verdaderas. La más conocida es ***Rinconete y Cortadillo*** que se parece un poco a las novelas picarescas como *Lazarillo de Tormes* o *Guzmán de Alfarache*. Sin embargo, no se trata de una novela picaresca en el sentido clásico del término sino más bien de una **narración con elementos picarescos** o una **novela apicarada**.

Contenido

Rinconete y Cortadillo, dos muchachos de unos quince o dieciséis años, bastante „descosidos, rotos y maltratados“, están camino de Sevilla. Ganan su vida con trampas y robos. Llegados allí, sólo pueden ejercer su «oficio» integrados en el hampa local, organizado por Monipodio que los admite en su cofradía después de un riguroso examen. Sin embargo, después de conocer las actividades honrosas de los miembros de la congregación, los dos jóvenes deciden no permanecer mucho tiempo en esta organización.

Mensaje

Rinconete y Cortadillo, caracterizados ya por sus nombres como **personajes marginados** de la sociedad, son para Cervantes el **medio de protesta** para criticar, de forma irónica, la estructura de una sociedad marcada por discriminación e intolerancia, contrastándola con la ilusión de una pseudoarmonía existente en la cofradía sevillana de Monipodio.

Monipodio

El líder del hampa se comporta como una **caricatura de Felipe II** (1556–1598) que controla como un monarca absoluto a sus súbditos que, a su vez, le tratan con un respeto sorprendente. Sus palabras son la ley y sus leyes son una parodia de los reglamentos religiosos en la España de la Contrarreforma del siglo XVII („[...] muchos de nosotros no hurtamos el día del viernes, ni tenemos conversación con una mujer que se llame María el día del sábado.“)

Rito de iniciación	El rito de iniciación de Rinconete y Cortadillo simboliza las dificultades de los conversos de incorporarse a la sociedad de entonces cuando el cambio de nombre representa un bautizo. Si comprendemos el **concepto de la sociedad** del patio de Monipodio como una **parodia**, debemos interpretar también el **motivo de integración** de los dos protagonistas como **pura ironía**. Al fin y al cabo rechazan una sociedad aunque ésta los acepta formalmente, porque la consideran hipócrita, mentirosa y sencillamente no digna para vivir.

Novelas picarescas

Auge del género

Aproximadamente medio siglo después de la publicación anónima de *Lazarillo de Tormes*, el género picaresco experimenta un auge extraordinario. Dentro de pocos años se publican varias obras sumamente exitosas. Del *Guzmán de Alfarache* **(1599/1604)**, escrito por **Mateo Alemán**, por ejemplo, se venden unos 50.000 ejemplares, una cifra casi increíble para aquella época, lo que convierte este libro en un auténtico «best seller». **Francisco López de Úbeda** escribe en **1605** *La pícara Justina*, también un éxito de ventas, con una protagonista femenina. **Vicente Espinel** es el autor de la novela picaresca *Vida del escudero Marcos de Obregón* **(1618)** y en **1626** se publica *La Vida del Buscón* de **Francisco de Quevedo**, una novela picaresca enormemente grotesca, imposible de superar. La serie de las obras picarescas se agota en los años 30 del siglo XVII con la publicación de cuatro novelas de **Castillo Solórzano**, de las cuales tres están protagonizadas por pícaras. Del abanico mencionado de las narraciones picarescas elegimos dos para un análisis más detenido.

El *Guzmán* (1599)	Esta obra, de dos tomos, contiene **los mismos ingredientes** picarescos que el prototipo del género, *Lazarillo de Tormes*: autobiografía fingida, crítica social, retrospectiva del protagonista, aquí como galeote desde „la cumbre del monte de las miserias", mezcla de perspectivas narrativas y estructura episódica gracias a varios amos a los cuales Guzmán sirve.
Diferencias	Sin embargo, saltan más a la vista, como pone de relieve Baader en su comparación de las dos obras, las „fundamentalen Unterschiede zwischen den beiden ‹pícaros›, ihrem Charakter, ihrer Stimmung, ihrer Intelligenz und ihrem Ende".[11] Lo que ocurre es que Alemán inserta en la acción, de vez en cuando, largas **reflexiones filosóficas, cínicas y críticas** sobre la sociedad, o también **novelitas intercaladas** y **digresiones** para ilustrar las aventuras del pícaro que comenta sus experiencias «desde las galeras» en el sentido de una confesión general.[12]
Mensaje	En este contexto de ideas, el autor no sólo describe los vicios de Guzmán sino que también lo presenta como „atalaya de la vida humana", así el subtítulo del segundo tomo, para avisar a posibles imitadores. Por eso, San Miguel ve en el personaje de Guzmán un „Appell an die Spanier der damaligen Zeit, unabhängig von ihrer Herkunft ein geordnetes, arbeitsames Leben zu führen, [...] so verlockend die ‚'vida picaresca' auch sein mag."[13] El **doble eje de reflexión y acción** refleja el „conflicto permanente"[14] del protagonista que personifica como prototipo del ser humano tanto las debilidades de la humanidad (pecado original) como sus fuertes (posibilidad de conversión). De esta forma, la novela adquiere, además de la perspectiva de una sátira social, una **dimensión filosófico-moral** cuando Alemán escribe: „No hallarás hombre con hombre, todos vivimos en acechanza los unos de los otros, como el gato para el ratón o la araña para la culebra, que hallándola descuidada, se deja colgar de un hilo, y asiéndola de la cerviz, la aprieta fuertemente, no apartándose della hasta que con su ponzoña la mata." (Libro segundo, capítulo IV)
El *Buscón* (1626)	Esta novela picaresca es probablemente la obra literaria más famosa de Francisco de Quevedo. El rasgo más típico del *Buscón* es la manera original de relatar los episodios. En un **estilo burlesco y cómico**, lleno de **caricaturas**, **juegos de palabras** y **acumulaciones grotesco-satíricas** el autor logra despertar el interés de los lectores en vista de anécdotas y motivos conocidos de narraciones picares-

cas anteriores. Especialmente logrados son los **retratos conceptistas** de varios personajes, como por ejemplo el del licenciado Dómine Cabra.

El prólogo „Al lector" ejemplifica el concepto de escribir de Quevedo en la narración entera ya que **parodia los prefacios** típicos de la época. El procedimiento de acumular de manera meramente asociativa observaciones detalladas y sueltas documenta el **conceptismo** del autor, un estilo lleno de „sutilezas, engaños, invenciones y modos, nacidos del ocio" que exige cierta capacidad estética y mucha atención por parte de los lectores. Prólogo

Aunque el término clave, „libro de burlas", aparece ya bastante pronto, no se debe pasar por alto el **verdadero mensaje** de la obra, mencionado asimismo explícitamente en el primer párrafo: „no poco fruto podrás sacar de él si tienes atención al escarmiento". Aquí se expresa una vez más la interdependencia existente entre «deleite» y «provecho» que no sólo caracteriza este libro sino todo el género picaresco. Libro de burlas

El modo de escribir de Quevedo evidencia además que es consciente de continuar una tradición genérica y su formulación „todo género de picardía" puede ser entendida en el sentido de que es una alusión a la intención de **superar a sus predecesores** literarios, es decir, de concebir la obra cumbre de las narraciones picarescas.

La novela filosófica. Baltasar Gracián

Baltasar Gracián (1601–1658) es el último gran prosista del Barroco. A los dieciocho años entra en la **Compañía de Jesús**. Estudia con los jesuitas y se ordena sacerdote. Destaca en la oratoria, la enseñanza de las humanidades, la filosofía y la teología. A partir de los años 30 del siglo XVII publica escritos críticos, morales y políticos y novelas filosóficas como *El héroe* o *El discreto*. La obra más conocida de Gracián data de **1657: *El Criticón***. Vida y obras

La obra principal de Gracián es **prosa didáctico-filosófica** en forma de una **novela alegórica**. El carácter novelesco resulta de una multitud de episodios y conflictos con los que los dos protagonistas se ven confrontados. El ingrediente didáctico lo constituyen las **lecciones filosófico-morales** después de los episodios respectivos. Tras haber superado todos los peligros y dificultades (por ejemplo resistir a las tentaciones en la Cueva de la Nada o en el Palacio de la Vanidad), Andrenio y Critilo alcanzan la **meta de su peregrinaje** y se dan cuenta de que –según el principio del **desengaño**– la verdadera felicidad no se puede conseguir antes de la muerte. Género

La obra contiene también elementos de un **relato de viaje satírico** y aún algunos elementos de las literaturas caballeresca y picaresca. Temas típicamente barrocos son además: el del contraste entre **realidad y apariencia**, estrechamente relacionado con el tema del desengaño; el motivo de **la vida como representación teatral** y, no en último lugar, el «tempus fugit» (paso del tiempo), o sea, la **fugacidad de la vida humana**. Por eso, para no caer en el olvido después de la muerte, el hombre debe conseguir fama mientras vive. Temas y motivos

El *Criticón* se compone de **tres partes** que a su vez están divididas en varios «crisis» (= capítulos). Se titulan: „En la primavera de la niñez y en el estío de la juventud", „Juiciosa cortesana filosofía (en el otoño de la varonil edad)" y „En el invierno de la vejez". Como se ve, hay una **correspondencia** entre el curso del año y la vida humana, un tópico conocido ya desde la literatura clásica. Estructura

Critilo y su hijo Andrenio se encuentran en la isla de Santa Elena y desde allí comienzan su peregrinaje por varios países, entre ellos España, Francia e Italia. Su **viaje** es una mezcla de una ruta concreta, real y una vía alegórica de la **existencia humana**, es decir, su **peregrinaje simboliza la vida**. Los dos buscan a Felisinda, su esposa y madre, respectivamente. Después de muchas aventuras y experiencias llegan a Roma donde se enteran de que Felisinda „ya murió para el mundo y vive Vida: peregrinaje para el Cielo." Su viaje termina en la «isla de la inmortalidad», una inmortalidad que los dos alcanzan a causa de su fama.

Andrenio y Critilo

Andrenio, criado entre fieras en la Isla de Santa Elena, representa el **estado natural**, casi salvaje, no educado **del hombre**, mientras que **Critilo**, arribando como náufrago al litoral de esta isla, simboliza al **hombre maduro**, instruido y prudente. Caracterizados así por contrastes, los dos forman una **pareja complementaria**. Personificando perspectivas diferentes frente a la vida y al mundo, los dos protagonistas se completan; ejemplifican aspectos distintos del hombre en general. En contraposición a Andrenio cuya visión del mundo es optimista y a veces ingenua, Critilo tiene una visión más bien crítica y pesimista. Como hombre inteligente, sagaz y experimentado le enseña a su hijo cómo sobrevivir en un mundo lleno de peligros y tentaciones.

■ El teatro del Barroco

Tendencias

El éxito de las representaciones teatrales de la época barroca es espectacular y el género dramático en general goza de gran popularidad. Esto se debe no en último lugar a **Félix Lope de Vega y Carpio (1562–1635)** que no sólo es un dramaturgo excelente sino también un buen teórico que reflexiona mucho sobre el desarrollo del género. Con su *Arte nuevo de hacer comedias en este tiempo* **(1609)** se superan los moldes tradicionales, porque esta «poética» supone una profunda reforma y muchas modificaciones del teatro anterior. A lo largo del siglo XVII Lope tiene muchos seguidores, entre ellos Guillén de Castro (1569–1631), **Tirso de Molina (1579–1648)**, Luis Vélez de Guevara (1579–1644) y Juan Ruiz de Alarcón (1581–1639).

Corral de comedias

A partir de la segunda mitad del siglo XVI las piezas teatrales solían representarse en corrales de comedias, **patios grandes**, a veces cubiertos con toldos y cerrados por casas en tres de sus cuatro lados. En las galerías superiores se sentaban los espectadores adinerados y los nobles, abajo permanecía el vulgo, frecuentemente de pie. Muchas veces, los sexos quedaban separados.

Al fondo, los corrales tenían un **tablado** con tejado, o sea el escenario, detrás del cual se encontraban los vestuarios de los actores. Una función teatral podía tardar varias horas. Por eso, muchos espectadores traían comida y celebraban la representación con amigos. A menudo, las funciones terminaban con bailes y canciones y así se convertían en una auténtica fiesta.

El Corral de Comedias de Almagro (Ciudad Real), del siglo XVII

Arte nuevo (1609)

En este tratado, escrito en versos, Lope de Vega reflexiona sobre los **principios fundamentales** del teatro nacional. Sus teorías contienen muchas propuestas para reformarlo profundamente. He aquí los puntos principales: en general, ya no se obedecen tan estrictamente las reglas clásicas y se tiene más en cuenta el **gusto del público**. Así, por ejemplo, **se respetan menos las tres unidades** aristotélicas de acción, tiempo y lugar, aunque Lope no las rechaza. Además, se **mezcla lo trágico y lo cómico**, lo que el autor justifica así: „Buen ejemplo nos da naturaleza, / que por tal variedad tiene belleza."[15] A Lope se debe también la introducción del **gracioso**,[16] cuyas funciones fundamentales son las de servir al galán y de intermediar entre la escena y el público. Asimismo, cambia el número de los actos. Mientras que antes cinco actos eran la regla, ahora muchas piezas tienen **tres actos** y se añaden una **loa** y un **entremés.** El objetivo principal de la comedia es el **deleite del público** que ha pagado para divertirse lo que Lope expresa así: „como las paga el vulgo, es justo / hablarle en necio para darle gusto".[17]

El drama de honor. Lope de Vega

Lope de Vega **(1562–1635)** lleva una vida muy intensa. Se casa dos veces, tiene varias amantes y también algunos hijos ilegítimos. Toma parte en campañas militares, entre ellas la expedición de la Armada Invencible, y a los cincuenta años se ordena sacerdote.

Su obra literaria es sumamente amplia, cultiva casi todos los géneros. La fama como escritor la debe, sin embargo, sobre todo a su **producción teatral**. Se supone que escribió más de mil piezas de las cuales se conservan unas 400, de temas muy variados: religiosos,

Calle madrileña dedicada a Lope de Vega

legendarios, históricos, amorosos... Uno de los dramas históricos más conocidos es *Fuente Ovejuna* **(1619)**, que parte de acontecimientos históricos concretos mezclados con elementos ficticios.

Fuente Ovejuna es un **drama de honor** barroco cuyos **protagonistas** no son nobles –como suele ser en la típica comedia de honor o de capa y espada– sino **campesinos**. Tal concepto de honor de esta capa social, introducido en las piezas teatrales de la época por Lope de Vega y Calderón de la Barca, constituye una novedad porque abre la discusión sobre la emancipación y la igualdad de todas las clases sociales. Hasta entonces, el «honor» era un término relacionado casi exclusivamente con la nobleza y los hidalgos. En *Fuente Ovejuna* Lope plantea la cuestión del honor con respecto al orden social en un sentido más amplio y más moderno.

En cuanto a la **estructura** de la obra y a las tres unidades clásicas aristotélicas vemos que Lope de Vega introduce algunas novedades, tomando como base teórica su *Arte nuevo*. Aunque en este escrito acepta la unidad de acción –„Adviértase que sólo este sujeto / Tenga una acción"–,[18] no se atiene a este precepto en *Fuente Ovejuna* y desarrolla además de la **acción principal** (en un nivel local) una **acción secundaria** (en un nivel nacional). Lógicamente, hay **varios lugares** en los cuales se desarrollan las acciones, es decir, Lope tampoco respeta la unidad de espacio. Estos cambios de lugar se producen para subrayar la **verosimilitud** de la acción. Además, Lope cree que no es posible ni verosímil que una acción compleja con planteamiento, conflicto y desenlace finalice dentro del «período de un sol». Por eso, transcurren en *Fuente Ovejuna* varias semanas, o sea, **tanto tiempo como le parece necesario** para desarrollar las acciones lógicamente y con naturalidad.

Como Lope de Vega persigue en esta obra un **doble hilo de acción**, la temática de *Fuente Ovejuna* es también muy amplia, es decir, hay **varios temas** y motivos principales y secundarios. En el **nivel local**, los temas predominantes son sin duda alguna el **amor** y la **honra** así como la **rebelión del pueblo** contra el tiránico comendador. En el **nivel nacional** predomina el tema de la **unidad española** que se alcanza a finales del siglo XV **bajo los Reyes Católicos**, tras haber resuelto la cuestión de la sucesión en el trono en 1474 y después de haber finalizado definitivamente la Reconquista en 1492.

La acción comienza en el nivel histórico cuando el comendador de Fuente Ovejuna, Fernán Gómez, anima al maestre de la Orden de Calatrava a la **conquista de Ciudad Real** que se lleva a cabo todavía en el primer acto. Como consecuencia, representantes de la ciudad se quejan ante los Reyes Católicos. Integradas en estos sucesos están tres escenas en Fuente Ovejuna: un **idilio** pueblerino, su **disturbio** por Fernán Gómez y la **confrontación** entre él y Frondoso que quiere proteger a Laurencia del comendador.

El segundo acto continúa esta trama. Después de varios **enfrentamientos** entre la población y Fernán Gómez, el final del acto constituye el clímax cuando el comendador irrumpe en la boda de Laurencia y Frondoso, detiene al novio y

secuestra a la novia. Paralelamente al drama dentro del drama se evoluciona la trama histórica. El comendador se entera de la **reconquista inminente de Ciudad Real** cuya realización relata poco después el maestre.

Tercer acto

En el nivel ficticio del tercer acto hay un **conjuramiento de los habitantes** del lugar contra Fernán Gómez que es asesinado por **todos**. Por eso, los Reyes Católicos se ven forzados a hacer investigar el acto de linchamiento, pero incluso la tortura de niños, mujeres o viejos sólo da como resultado la confesión, antes acordada por todos los vecinos del lugar: „Fuente Ovejuna lo hizo." Al final de la pieza, las dos tramas se juntan: el **maestre se reconcilia** con los Reyes Católicos y éstos **perdonan a la población** en vista del crimen del comendador.

Mensaje

El mensaje de este drama de campesinos es la **propagación** de **nuevas normas de comportamiento** de la **población rural** que debe tener el derecho de defenderse contra el abuso del poder de la nobleza. Sin embargo, hay que tener en cuenta que el acto de perdonar a los campesinos –en este caso por parte de los Reyes Católicos– es una **excepción** justificada sólo a causa de los graves delitos del comendador. Desde el punto de vista jurídico el **comportamiento** de los vecinos de Fuente Ovejuna es **ilegal**. Al mismo tiempo Lope defiende con el desenlace y la sentencia real a la monarquía en un momento histórico de gran importancia para España: el de la transición de la Edad Media con el **declive de la nobleza feudal** y de las Órdenes Militares a la España unida bajo los Reyes Católicos como monarcas absolutos.[19]

El drama religioso. Tirso de Molina

Vida y obras

Bajo el seudónimo Tirso de Molina conocemos a **Gabriel Téllez (1579–1648)** que ingresa en 1600 en el convento de la Merced de Madrid. Por un lado participa activamente en la política de la Orden, por otro lado se dedica, con bastante éxito, a la escritura teatral y publica varias comedias. De éstas *El burlador de Sevilla y convidado de piedra* (1630) y *El condenado por desconfiado* (1635) son las más famosas, tratando el problema del libre albedrío y la gracia divina. A continuación, vamos a analizar, de forma ejemplar, *El burlador*, la obra con la cual relacionamos a Tirso de Molina aún hoy.

Don Juan

Junto con el Cid, la Celestina y don Quijote uno de los caracteres más famosos de la literatura española es seguramente la figura de **don Juan**. Como ocurre frecuentemente en casos tales, el personaje literario es reducido a un **estereotipo** superficial que personifica ciertos rasgos humanos y perdura así las épocas.

No sólo en España sino también y sobre todo en el extranjero se ve en don Juan la **personificación literaria del machismo**, el **prototipo del seductor irresistible** de mujeres. Hay, detalla Briesemeister, numerosos „Völkerpsychologen und Essayisten, die Don Juan als Spiegel, Ausdruck, ja als Inkarnation echt spanischen Wesens oder Mannes deuten,"[20] y en el curso del tiempo el protagonista de las aventuras amorosas se ha convertido en un auténtico mito.

Éxito internacional

Desde *El burlador de Sevilla* (1630) de **Tirso de Molina** el tema es tratado tanto en Francia (Molière, Dumas) e Italia (Goldoni, Perrucci) como en Inglaterra (Shadwell, Lord Byron) o en Alemania (Hoffman). En España, Zamora (*No hay plazo que no se cumpla ni deuda que no se pague y convidado de piedra*, 1714) y Espronceda (*El estudiante de Salamanca*, 1840) varían la temática antes de que **José Zorrilla** lleve al escenario el drama religioso-fantástico *Don Juan Tenorio* (1844), „das man als den Höhepunkt der Romantik und wohl als das wichtigste Ereignis im Theater des 19. Jahrhunderts ansieht".[21]

Estructura

El drama de Tirso se compone, a primera vista, de muchas **escenas sueltas** y muchos episodios no relacionados. Don Juan, el personaje principal, seduce y engaña sucesivamente en cuatro distintos lugares (Nápoles, Tarragona, Sevilla y Dos Hermanas) a cuatro mujeres de capas sociales diferentes (Isabela – duquesa; Tisbea – pescadora; Ana – dama noble; Aminta – campesina) que a su vez ya tienen novios o están casadas (Aminta). La **táctica del burlador** siempre es la misma: engaño y goce, experiencia erótica y huída. El único lazo entre todos los episodios es el protagonista mismo cuya pasión se convierte en **obsesión** porque seduce por el placer de seducir: „Sevilla a veces me llama / *el Burlador*, y el mayor / gusto que en mí puede haber / es burlar una mujer / y dejalla sin honor.“

Mentiras y engaños astutos son la base de su actuación. El destino de las mujeres burladas le interesa tan poco como la honra perdida de sus novios. Esta actitud misógina va acompañada de una arrogancia sin límites o tabúes.

Sin embargo, **don Juan no es cobarde**, como podemos ver cuando acepta la invitación de don Gonzalo de Ulloa. El padre de Ana, asesinado por don Juan al defender la honra de su hija, se convierte en el abogado de la justicia divina. En su función como **puente entre la vida y la muerte** castiga al burlador quemándole después de haberle invitado a una cena nocturna en su cripta. Después de este castigo, **el rey restablece el orden**, y los prometidos pueden casarse. Así se cierra el círculo y la obra se caracteriza por un **desenlace feliz**.

Desenlace feliz

En resumen, pues, se puede decir que don Juan personifica la **lascivia**, lo que causa conflictos con la sociedad y más tarde con Dios. Seduciendo sin escrúpulos a varias mujeres, se convierte en el símbolo del mal, de la **inmoralidad**. Ante el telón de fondo de la **España católica y contrarreformadora** del siglo XVII, Tirso crea mediante su protagonista una figura que ejemplifica adonde lleva una vida sin arrepentimiento. El que no se arrepiente de su culpa y siempre espera que aún más tarde pueda pedir perdón por sus pecados –como indica el lema de don Juan: „tan largo me lo fiáis“– al final tiene que aceptar una muerte sin absolución anterior.

Conflictos

Teniendo en cuenta que el teatro como institución en la época de la Contrarreforma es empleado como medio para propagar la doctrina católica, es fácil comprender el **mensaje religioso-moral** de la pieza.

Mensaje

Además vemos que se hace palpable un **cambio** en la España de entonces, porque el teocentrismo pierde paulatinamente en importancia. Es verdad que Tirso por un lado restablece el orden de la ideología tradicional por el castigo merecido de don Juan, pero por otro lado hace evidente que esta medida en principio no impide la amenaza del orden social por «factores pertubadores» como el burlador.

El auto sacramental. Calderón de la Barca

Pedro Calderón de la Barca **(1600–1681)** es el último de los grandes autores del Siglo de Oro español. Después de una educación jesuita estudió en Alcalá de Henares y en Salamanca.

Vida y obra

Como escritor y **dramaturgo** es conocido desde 1620 aunque las obras más exitosas son las que escribe a partir de los años 30: *El médico de su honra* (1635), *La vida es sueño* (1635) o *El alcalde de Zalamea* (1636).

Hacia 1651 Calderón ingresa en la **vida sacerdotal**, pero sigue escribiendo para el teatro, sobre todo **autos sacramentales**, piezas de contenido religioso. Uno de los más populares es *El gran teatro del mundo* **(1641)** que vamos a analizar detenidamente.

Los **autos sacramentales** son piezas dramáticas que sirven para **exaltar** la **Eucaristía**. Suelen tener **un acto** en el cual **personajes alegóricos** representan la decisión del hombre, su **libre albedrío** entre lo bueno y lo malo. Hay que diferenciar entre el **asunto** de la obra y el **argumento**. Mientras que el asunto siempre es el mismo (la Santa Eucaristía), los argumentos pueden variar de un auto sacramental al otro. Los autores eligen entre episodios de la Biblia, fábulas mitológicas y temas filosóficos o históricos para ilustrar el asunto. Todos los autos sacramentales terminan con la **presentación del cáliz y la hostia**, simbolizando la **salvación** de los buenos. Su tradición se remonta ya a los **misterios medievales**. Los autos

Género teatral

se representan en **carros** el día del **Corpus Cristi**, después de las procesiones y misas celebradas por la mañana. Tienen lugar en todas las grandes ciudades de aquella época, ante todo en Madrid, Toledo, Sevilla y Valencia.

Calle madrileña dedicada a Calderón de la Barca

El gran teatro del mundo se compone de **cinco «momentos»** que ejemplifican la vida humana. En la **introducción** el «Autor» y el «Mundo» hablan sobre cómo representar la existencia del hombre en diferentes papeles en el «teatro del mundo» entre las dos «puertas» de la cuna y la sepultura. Luego los actores (el «Rico», el «Labrador», el «Pobre», etc.) reciben sus **papeles** y después de una instrucción por el «Autor» representan la pieza cuyo título significativo es «Obrar bien que Dios es Dios».

Después de la representación todos los actores tienen que devolver tanto sus papeles como los requisitos respectivos y **su actuación es juzgada por el «Autor»**. Éste les invita en la última parte del auto sacramental a la Eucaristía en la cual sólo pueden participar aquéllos que han representado bien su papel. Debido a su comportamiento egoísta el «Rico» no es admitido, el «Rey», el «Labrador» y la «Hermosura» sólo después de haber hecho penitencia. Solamente el «Pobre» y la «Discreción» pueden participar inmediatamente en la Eucaristía.

El gran teatro del mundo corresponde a la doctrina de aquel entonces de la **condenación o la salvación del hombre**, que no dependen del papel que tiene o juega en su vida sino de cómo lo hace. Así, Calderón plantea el tema del **libre albedrío**, es decir subraya la libertad de decidir y actuar, frente al predestinacionismo protestante. Cada uno es responsable de sus acciones y puede elegir entre «obrar bien» o mal. Además de tener una función didáctica, los autos sacramentales quieren despertar emociones y manipular al público para que acepte la doctrina católica sin hacer preguntas críticas. Los espectadores son confrontados con una fiesta barroca que se compone de la representación teatral, música, canto, y una técnica escénica impresionante. El objetivo no sólo es explicar cuestiones religiosas sino, en primer lugar, **provocar la devoción** del pueblo.

Siglo XVI

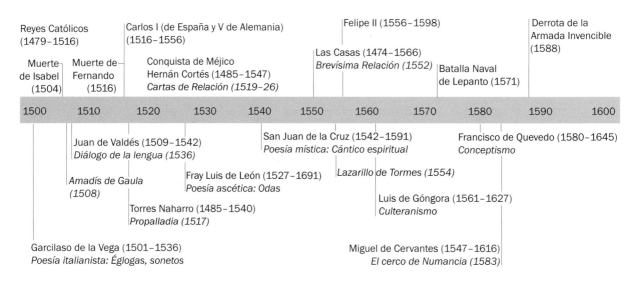

46

Siglo XVII

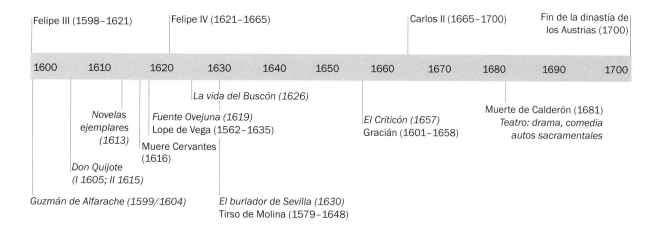

Felipe III (1598–1621) | **Felipe IV (1621–1665)** | **Carlos II (1665–1700)** | **Fin de la dinastía de los Austrias (1700)**

| 1600 | 1610 | 1620 | 1630 | 1640 | 1650 | 1660 | 1670 | 1680 | 1690 | 1700 |

La vida del Buscón (1626)

Novelas ejemplares (1613)

Fuente Ovejuna (1619)
Lope de Vega (1562–1635)

El Criticón (1657)
Gracián (1601–1658)

Muerte de Calderón (1681)
Teatro: drama, comedia autos sacramentales

Muere Cervantes (1616)

Don Quijote (I 1605; II 1615)

Guzmán de Alfarache (1599/1604)

El burlador de Sevilla (1630)
Tirso de Molina (1579–1648)

Para recordar:

♦ La lírica barroca se bifurca en dos tendencias estéticas diferentes, el culteranismo y el conceptismo.

♦ Los poetas más destacados de la época son Luis de Góngora y Francisco de Quevedo.

♦ La forma poética más popular es el soneto, un género lírico que supone una mayor concentración temático-formal.

♦ El soneto anónimo *A Cristo crucificado* se considera todavía hoy el poema religioso más bello de la literatura española.

♦ Con *Don Quijote de la Mancha* Cervantes escribe a principios del siglo XVII la obra cumbre de la literatura española.

♦ Concebida primero como una parodia de los libros de caballerías medievales, la novela adquiere, paulatinamente, una dimensión moral gracias a muchos discursos, novelas intercaladas y conversaciones.

♦ Don Quijote y Sancho Panza son caracteres polifacéticos que forman una pareja de contrastes complementaria.

♦ Ante el telón de fondo de innumerables aventuras y episodios de los protagonistas, los principios de ilusión y desengaño, de burlas y veras, de locura y cordura estructuran la obra.

♦ Debido a todo un abanico de técnicas narrativas magistralmente desarrolladas, la obra es considerada el comienzo de la novela moderna.

♦ Con *Rinconete y Cortadillo* Cervantes crea una graciosa narración apicarada.

♦ Bajo la superficie de esta «novela ejemplar», sin embargo, el autor critica, de forma irónica, la estructura de una sociedad marcada por discriminación e intolerancia.

♦ Medio siglo después de *Lazarillo de Tormes* la novela picaresca vive un florecimiento con la publicación de *Guzmán de Alfarache* de Alemán y *El Buscón* de Quevedo.

♦ El prosista filosófico sobresaliente del Barroco es Baltasar Gracián cuya obra más importante, *El Criticón*, trata de un peregrinaje que simboliza el camino de la vida.

♦ Lope de Vega es el creador de la comedia nacional española.

♦ En *Arte nuevo de hacer comedias* concibe teóricamente los principios fundamentales del teatro del siglo XVII.

♦ La producción teatral de Lope es inmensa, se cuentan más de 400 obras.

♦ Tirso de Molina crea con el personaje de don Juan una figura inmortal de la literatura mundial.

♦ Las piezas teatrales de Tirso y Calderón de la Barca contribuyen a fomentar el catolicismo en la España contrarreformadora.

♦ Calderón, además de escribir dramas de honor, compone muchos autos sacramentales que se remontan a los misterios medievales.

♦ Este subgénero dramático sirve para exaltar la Eucaristía y provoca la devoción del pueblo.

📖 **Para saber más:**

◆ Egido, A.: *Fronteras de la Poesía en el Barroco*, Barcelona 1990.
◆ Arellano, I.: *Poesía satírico-burlesca de Quevedo*, Pamplona 1984.
◆ Chevalier, M.: *Quevedo y su tiempo: la agudeza verbal*, Barcelona 1992.
◆ Hess, R.: „Soneto a Cristo crucificado", in Tietz, M. (Hg.): *Die spanische Lyrik von den Anfängen bis 1870*, Frankfurt/M. 1997, S. 377–392.
◆ Williamson, E.: *El Quijote y los libros de caballerías*, Madrid 1991.
◆ Basanta, Á.: *Cervantes y la creación de la novela moderna*, Madrid 1992.
◆ Neuschäfer, H.-J.: *La ética del Quijote*, Madrid 1999.
◆ Weich, H.: *Cervantes' Don Quijote*, München 2001.
◆ Abilleira, M.; Lindau B. und H. C.: *Cervantes im Spanischunterricht*, Stuttgart 2004.
◆ San Miguel, Á.: *Sentido y estructura del ‹Guzmán de Alfarache›*, Madrid 1971.
◆ Ife, B. W.: *Lectura y ficción en el siglo de oro. Las razones de la picaresca*, Barcelona 1992.
◆ Briesemeister, D.; Neumeister, S. (Hg.): *El mundo de Gracián*, Berlin 1991.
◆ Diago, M.; Ferrer, T. (Hg.): *Comedias y comediantes. Estudio sobre el teatro clásico español*, Valencia 1991.
◆ Ferreiro Villanueva, I.: *Claves de 'Fuente Ovejuna'*, Madrid 1990.
◆ Ruano de la Haza, J. M.: *La puesta en escena en los teatros comerciales del Siglo de Oro*, Madrid 2000.
◆ Roloff, V.; Wentzlaff-Eggebert, H.: *Das spanische Theater. Vom Mittelalter bis zur Gegenwart*, Düsseldorf 1988.
◆ Solà-Solé. J. M.; Vázquez, L. (Hg.): *Tirso de Molina: Vida y obra*, Madrid 1987.
◆ Strosetzki, C.: *Calderón*, Stuttgart / Weimar 2001.

■ Actividades

1. **¿Lo has entendido? Comprueba tus nuevos conocimientos adquiridos con este quiz.**

    1. El llamado Siglo de Oro abarca, aproximadamente, el espacio temporal entre
        a. 1521 y 1609
        b. 1492 y 1700
        c. 1516 y 1598
        d. 1554 y 1651

    2. Garcilaso de la Vega
        a. es el protagonista de la novela picaresca más famosa del siglo XVI
        b. es el dramaturgo más importante del Renacimiento
        c. es el prototipo del cortesano que representa el ideal de las armas y las letras
        d. es un monje que reestructura la orden de los Carmelitas

    3. Fray Luis de León escribe en su *Oda a la vida retirada* sobre
        a. un amor desdichado de dos pastores
        b. la paz espiritual frente al mundanal ruido
        c. la vida del Cid después de varias batallas contra los musulmanes
        d. la conquista de México por Hernán Cortés

    4. San Juan de la Cruz es el representante más famoso de la
        a. poesía ascética
        b. poesía mística
        c. poesía bucólico-pastoril
        d. poesía heroica

    5. En su *Brevísima relación* Bartolomé de Las Casas describe
        a. las ventajas de la conquista de América para los indígenas
        b. los crímenes de los indios al atacar a los españoles

c. el comercio entre los españoles y los indios y el provecho que todos sacan de él

d. los crímenes de los conquistadores y la destrucción de los territorios descubiertos

6. ¿A qué tipo de novela pertenece el *Amadís de Gaula*?
   a. novela picaresca
   b. novela de caballerías
   c. novela morisca
   d. novela sentimental

7. Lazarillo de Tormes es
   a. un poema épico anónimo
   b. un héroe caballeresco que lucha contra los enemigos de España
   c. la pieza teatral más famosa del siglo XVII
   d. un pícaro que sirve como criado a varios amos

8. En *Ymenea* de Torres Naharro
   a. el protagonista mata a su rival en un duelo
   b. ya aparecen todos los ingredientes típicos de la comedia de capa y espada barroca
   c. el autor describe las ventajas y desventajas de una vida retirada
   d. una alcahueta sirve de mediadora entre los amantes

9. *El cerco de Numancia* (1583) de Cervantes
   a. sirvió de base para muchas elaboraciones dramáticas, incluso en el siglo XX
   b. es, según los críticos literarios, el mejor drama de honor del Renacimiento
   c. el poema épico más largo de la literatura española
   d. una oda ascética compuesta por liras

10. Góngora y Quevedo son
    a. los dos protagonistas de una novela ejemplar cervantina
    b. los máximos representantes, respectivamente, del culteranismo y del conceptismo
    c. dos actores populares del siglo XVII que actúan en el corral de comedias de Almagro
    d. pícaros que buscan una vida mejor en las Indias Occidentales

11. ¿Cómo se llaman la dama y el caballo de Don Quijote?
    a. Felisinda y Sancho
    b. Isabel y Fernando
    c. Dulcinea y Rocinante
    d. Celestina y Rinconete

12. ¿Quién escribe a principios del siglo XVII el *Arte nuevo de hacer comedias en este tiempo* y reflexiona sobre los principios fundamentales del teatro nacional?
    a. Tirso de Molina
    b. Luis Vélez de Guevara
    c. Calderón de la Barca
    d. Lope de Vega

2. **Texto.** Lee los primeros seis capítulos del *Quijote* y detalla los elementos paródicos de los libros de caballerías.

3. **Debate.** ¿Está justificado, en tu opinión, el término Siglo de Oro para los siglos XVI y XVII? Discute con tus compañeros de clase sobre los aspectos históricos, políticos, económicos y literarios.

4. **Proyecto.** Leed escenas clave de *Rinconete y Cortadillo* de Cervantes (comienzo, en el patio de Monipodio, escena final) y representadlas en clase.

Sin reglas de arte, el que en algo acierta,
acierta por casualidad.

Tomás de Iriarte, 1782

3. El Siglo de las Luces

En este capítulo vamos a aprender:

◆ El marco histórico-político y sociocultural del siglo XVIII
◆ Las características de la Ilustración española
◆ Las etapas de la lírica y sus representantes más importantes
◆ El pensamiento ilustrado expresado en el ensayo, cartas y discursos
◆ Las corrientes principales del teatro dieciochesco: el sainete, la tragedia y la comedia

■ Introducción

Época histórica

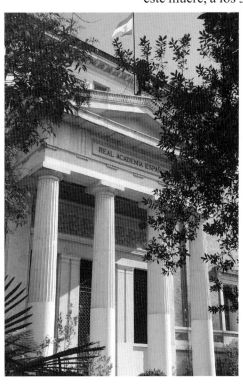

La Real Academia Española en Madrid

Con Carlos II („El Hechizado") **termina** la dinastía de la **casa de Austria** cuando éste muere, a los 38 años, sin descendientes, exactamente en 1700. Acertadamente escribe Eduardo Galeano sobre el último rey habsburgo: „Carlos II, rojos los ojos saltones, tiembla y delira. Él es un pedacito de carne amarilla que huye entre las sábanas, mientras huye también el siglo y acaba, así, la dinastía que hizo la conquista de América."[1]

España se convierte en el juguete de poderes extranjeros. Después de la **Guerra de Sucesión** al trono **(1701–1714)** se instaura la **dinastía francesa** de **Borbón**. El aislamiento de España y su atraso en vista del progreso social, científico y económico de otros países europeos es preocupante. Durante las **primeras décadas posbarrocas** del siglo XVIII España se encuentra **lejos de las ideas ilustradas** desarrolladas en el exterior.

Sin embargo, ya se introducen algunas reformas políticas y económicas y empieza un debate sobre la necesidad de la **europeización** del país. A lo largo de este debate la sociedad española se escinde en dos grupos ideológicos. Por un lado se encuentran los **tradicionalistas conservadores**, cuyo horizonte limitado termina en los Pirineos, por otro lado hay **ilustrados liberales**, abiertos frente a los pensamientos innovadores de Europa, menospreciados frecuentemente como «afrancesados» o «heterodoxos». Comienza la época de **las dos Españas**. En la literatura del siglo XVIII la actitud frente a Europa y el conflicto entre tradición y modernización juegan un papel primordial.

Ilustración

Bajo Ilustración se entiende un **movimiento cultural** que se desarrolla en toda Europa en el siglo XVIII. Sus aspectos principales son el **cultivo de la razón** para acercarse a la verdad, el **fomento de las ciencias y reformas económicas**. Importantes son también la educación y la formación del hombre así como los conceptos de **la libertad y la igualdad** de todos los hombres. Respetando los **derechos humanos**, se trata de alcanzar **la felicidad y la prosperidad** del pueblo. Además, los ilustrados prestan atención especial tanto a las **humanidades clásicas** como a las lenguas modernas y muestran un gran interés por la **difusión del saber y la cultura** mediante el **libro**.

Aparte de muchas características que la Ilustración europea, o sea, el modelo francés, y la versión española tienen en común hay algunas **particularidades** españolas que no se pueden ignorar. La Ilustración española **comienza más tarde y no dura tanto tiempo** (aprox. 1730–1800). Además se trata de una **Ilustración «desde arriba»**, es decir, los impulsos de las reformas no provienen del pueblo sencillo sino de un grupo pequeño de intelectuales, comerciantes, de la aristocracia y la burguesía.

Versión española

Carlos III (1759–1788), la personificación del despotismo ilustrado, apoya este movimiento según el lema: „Todo para el pueblo, pero sin el pueblo". La mayoría del **clero** y de la **nobleza**, sin embargo, está **en contra del cambio** y ve las reformas con gran escepticismo. El hecho de que el movimiento regenerador y reformador tenga su origen en las capas sociales altas explica el **carácter moderado** de los postulados políticos. En España falta la base para una revolución política. Tampoco los impulsos teológicos son muy revolucionarios, el **catolicismo sigue siendo dominante**. Aunque se critica a veces a la Iglesia, la Ilustración española no se caracteriza por un anticlericalismo tan marcado como lo hay en Francia. Después de 1789 se nota ya un estancamiento de las reformas por temor a las consecuencias de la Revolución Francesa.

Monumento a Carlos III en Madrid (Puerta del Sol)

El siglo XVIII es también la época de la fundación de instituciones, academias y sociedades. La biblioteca más importante del país es la **Biblioteca Nacional Española**, fundada en **1712** por el rey **Felipe V**, que hoy en día alberga más de 17 millones de documentos. Según el modelo de la Académie française Juan Manuel Fernández Pacheco funda en **1713** la **Real Academia Española**, cuya función principal es la determinación de las normas de la lengua española. Otras academias constituidas en aquella época son la **Academia de la Historia (1735)** o la **Academia Sevillana de Buenas Letras (1752)**. Para extender las ideas ilustradas y para fomentar la educación de la población rural se fundan varias **Sociedades de Amigos del País**.

BNE, RAE y SAP

Durante mucho tiempo se solía decir que España es un país sin Ilustración. Hoy en día, sin embargo, los críticos históricos y literarios están de acuerdo de que el siglo XVIII era de suma importancia para su desarrollo.

En vista del „crecimiento demográfico [se duplicó la población de cinco millones a casi diez], auge económico y comercial, ilustración y reformas", Fusi habla de un „excelente siglo para España".[2] Y Serrailh subraya: „[...] el siglo XVIII tiene derecho a un sitio de honor en la historia de la España liberal. Fue este siglo el que lanzó las grandes ideas de libertad, de justicia social y de fraternidad, esas ideas que entonces congregaban místicamente a todos los hombres de buena voluntad, y que despertaron ecos en todo el país. [...] España se esfuerza por salir de su morosa soledad y por seguir el ritmo del mundo. Este siglo intentó la maravillosa empresa de dar a los españoles el pan y la libertad y de formarlos en una ‹convivencia› sin la cual no hay para ellos paz ni felicidad."[3]

Entrada de la Biblioteca Nacional en Madrid

■ Corrientes y géneros de la literatura

A lo largo del siglo XVIII español se pueden distinguir **tres corrientes** literarias principales. El **posbarroquismo** de las primeras dos, tres décadas trata de prolongar el Barroco, en realidad agotado. Los autores de este tiempo son epígonos de los grandes autores barrocos y sus obras son poco conocidas. El **neoclasicismo** supone el regreso a los moldes clásicos y pretende aplicar los principios de la Ilustración. Su finalidad primordial es la educación del público. A finales del siglo se nota ya el **prerromanticismo** que, como indica su nombre, antecede al

Corrientes

Romanticismo del siglo XIX. En esta corriente literaria los sentimientos tienen prioridad a la razón.

Géneros

Conforme al pensamiento y a la finalidad de la Ilustración los géneros literarios más importantes del siglo XVIII son la **prosa didáctica** y el **teatro**. Especialmente el **ensayo** vive un enorme auge porque es el subgénero ideal para propagar las ideas ilustradas. También mediante las piezas teatrales la ideología neoclásica puede ser expuesta muy bien y el contacto con el público es inmediato. La **lírica** se desarrolla poco en la primera mitad del siglo, pero en la segunda la poesía filosófica, la poesía anacreóntica y los fabulistas ilustrados son bastante populares.

■ La lírica del Siglo de las Luces

Períodos

Después del apogeo en el Siglo de Oro la lírica experimenta una **fase de decadencia** a finales del siglo XVII y a principios del siglo XVIII, porque los epígonos poéticos ya no alcanzan el nivel anterior de los Quevedo, Lope o Góngora.

> En el siglo XVIII se suelen distinguir varias etapas de la lírica: la mencionada del **barroco tardío** hasta aproximadamente 1750, el período de la **poesía anacreóntica**, llamada también **poesía rococó**, con elementos sensuales, amorosos y eróticos, que comprende las próximas décadas, y la **poesía ilustrada** con temas sociales o científicos que corresponden a la ideología utilitaria de la época. Estas corrientes se desarrollan, parcialmente paralelas, en la segunda mitad del Siglo de las Luces cuando se escriben también las mejores **fábulas**. En los años de la transición al siglo XIX, ya se nota un tono más romántico y patriótico en el lenguaje poético.

A continuación, vamos a conocer a los dos fabulistas más famosos de la Ilustración, **Félix María de Samaniego (1745–1801)** y **Tomás de Iriarte (1750–1791)**, así como a **Juan Meléndez Valdés (1754–1817)**, según Gullón, „sin duda el primer poeta del siglo XVIII español",[4] que maneja todos los subgéneros poéticos de su tiempo.

La fábula. Félix María de Samaniego y Tomás de Iriarte

Concepciones

En las obras de Samaniego e Iriarte es palpable la influencia de las fábulas de **Fedro** y **Esopo**. **Samaniego** continúa la **fábula tradicional** en cuanto a los temas, al estilo y a su concepción en general. Podemos observar una gran congruencia con los dos fabulistas mencionados. **Iriarte**, sin embargo, se decide por otro camino: siendo un fiel seguidor de las reglas clásicas, trata de ilustrar los principios fundamentales de la poética clásica mediante **fábulas literarias** para facilitar su comprensión. Desde el punto de vista histórico-literario, las fábulas de Iriarte son más originales aunque sus máximas literarias en sí no son nada nuevo porque varios teóricos de la literatura ya las expusieron antes. Pero él es el primero que intenta explicar estas máximas en forma de fábulas sencillas que todos los lectores pueden comprender sin tener que leer tratados dificilísimos y doctos sobre las reglas literarias de la época. Las siguientes dos fábulas ejemplifican muy bien el mensaje de su obra.

La Abeja y el Cuclillo

La variedad es requisito indispensable en las obras de gusto.

Saliendo del colmenar,
dijo al Cuclillo la Abeja:
„Calla, porque no me deja
tu ingrata voz trabajar.
5   No hay ave tan fastidiosa
en el cantar como tú:
Cucú, cucú, y más cucú,
y siempre una misma cosa.“
„¿Te cansa mi canto igual?
10   (el Cuclillo respondió).
Pues a fe que no hallo yo
variedad en tu panal.

Y pues que del propio modo
fabricas uno que ciento,
15   si yo nada nuevo invento,
en ti es viejísimo todo.“
A esto la Abeja replica:
„En obra de utilidad,
la falta de variedad
20   no es lo que más perjudica;
pero en obra destinada
sólo al gusto y diversión,
si no es varia la invención,
todo lo demás es nada.“

El Burro flautista

Sin reglas de arte, el que en algo acierta, acierta por casualidad.

Esta fabulilla,
salga bien o mal,
me ha ocurrido ahora
por casualidad.
5   Cerca de unos prados
que hay en mi lugar,
pasaba un Borrico
por casualidad.
Una flauta en ellos
10   halló, que un zagal
se dejó olvidada
por casualidad.
Acercóse a olerla
el dicho animal,

15   y dio un resoplido
por casualidad.
En la flauta el aire
se hubo de colar,
y sonó la flauta
20   por casualidad.
„¡Oh! – dijo el Borrico –:
¡Qué bien sé tocar!
¡Y dirán que es mala
la música asnal!“
25   Sin reglas del arte,
borriquitos hay
que una vez aciertan
por casualidad.

En las **fábulas**, cuyos protagonistas son –en la mayoría de los casos– **animales**, se nota en seguida un carácter didáctico. Contienen una enseñanza moral que se suele posponer o que se puede derivar de una narración breve.

En el caso de estos dos textos de Iriarte, sin embargo, la **moraleja** está **antepuesta** a la anécdota respectiva, es decir, la narración ejemplifica lo anteriormente dicho. Pero lo que más caracteriza las fábulas de este autor ilustrado es que en ellas se tratan casi exclusivamente **temas literarios**, es decir, la antología de *Fábulas literarias* (1782) gira en torno a la literatura y su **carácter neoclásico** a finales del siglo XVIII.

Como vemos en las dos fábulas elegidas, éstas tratan de temas literarios como la variedad poética y las reglas del arte. Sobre todo en „La Abeja y el Cuclillo“, Iriarte analiza y presenta el tema típicamente horaciano de «utilidad y deleite», bien conocido desde hace muchos siglos. La combinación armoniosa de lo útil y lo agradable también fue puesto de relieve en la *Poética* (1737) de **Luzán (1702–1754)** como el ideal de toda clase de poesía. „El Burro flautista“ ejemplifica la necesidad de dominar reglas para producir una verdadera obra de arte. Sin estas reglas es posible acertar tal vez, pero sólo „por casualidad“.

Sin embargo, la intención de Iriarte al publicar sus *Fábulas literarias* no se limita solamente a describir algunas máximas sobre la poesía, la forma de componer una pieza teatral o de estructurar una narración. Partiendo del prólogo en el cual menciona „los preceptos que deben servir de normas a los escritores", una lectura atenta de esta obra aclara que muchas de sus fábulas propagan **ideas poéticas neoclásicas** concebidas teóricamente en la *Poética* de **Luzán** medio siglo antes.

Neoclasicismo

El objetivo del neoclasicismo español consiste en **reorientar** la literatura hacia los principios de las poéticas de Horacio y Aristóteles. Las reglas de estas poéticas, por ejemplo las tres unidades, la verosimilitud, la naturalidad, la pureza y la variedad del lenguaje, etc. se encuentran casi todas reflejadas como moralejas en las fábulas de Tomás de Iriarte. Esto significa que el valor de esta antología se deriva de la **ilustración de la poética clásica**.

La poesía anacreóntica. Juan Meléndez Valdés

Vida

Juan Meléndez Valdés **nace en 1754** en el seno de una familia de campesinos relativamente adinerada de Badajoz. Estudia en Madrid y en Salamanca donde será también **catedrático**. Además ocupa varios cargos políticos. Su amistad con **Jovellanos** es la causa de su **destierro en 1798** bajo Godoy. En 1813 Meléndez tiene que huir a Francia donde **muere** unos años después, **en 1817**.

Obra

En la obra poética de Meléndez Valdés se pueden distinguir tres clases de poesía. La **poesía rococó** trata ante todo temas amorosos según los modelos de los siglos anteriores. La **poesía filosófica** se refiere a temas políticos, sociales o filosóficos de la época y los **poemas neoclásicos** exponen ideales ilustrados e imitan a los poetas clásicos de la antigüedad. A continuación vamos a presentar fragmentos de uno de sus poemas más conocidos, *Rosana en los fuegos*, de **1785**.

Fragmentos

Del sol llevaba la lumbre,
y la alegría del alba,
en sus celestiales ojos
la hermosísima Rosana
5   una noche que a los fuegos
salió la fiesta de Pascua
y a embebecer todo el valle
en sus amorosas ansias.
La primavera florece
10   do gentil la huella estampa;
do plácida mira rinde
la libertad de mil almas. [...]

[...] „Linda zagaleja
de cuerpo gentil,
15   muérome de amores
desde que te vi.
Tu talle, tu aseo,
tu gala y donaire
no tienen, serrana,
20   igual en el valle.
Del cielo son ellos
y tú un serafín;
muérome de amores
desde que te vi."

Belleza idealizada

Rosana en los fuegos, un **poema bucólico**, pertenece a la primera época del poeta, a la poesía rococó. Hay que tener en cuenta que esta poesía es muy artificiosa y que no tiene nada que ver con la realidad de los pastores. Igual que su vida estilizada también la belleza de Rosana es idealizada. Como se tratan temas tales frecuentemente en el siglo XVIII español, se puede ver que no hay una ruptura con las formas poéticas de los Siglos de Oro.

Poesía anacreóntica

El tema pastoril o bucólico caracteriza la **poesía anacreóntica** del siglo XVIII. Se deriva del poeta griego Anacreonte y canta los placeres del amor, la vida de los pastores o la naturaleza estilizada. Meléndez Valdés es el poeta más representativo de este género lírico.

Género poético

La última parte de este **romance pastoril** finaliza como **villancico**. El romance es un poema narrativo popular que se remonta a la Edad Media. En el siglo XVIII la llamada **Escuela de Salamanca**, formada por poetas como Fray Diego González, Iglesias de la Casa y Meléndez Valdés, introduce los romances de tema pastoril en la poesía ilustrada.

Villancico

Villancico se llama un poema de octosílabos o hexasílabos que se emplea para cantar por ejemplo la naturaleza o la belleza de una mujer. El villancico integrado en este poema, cuyos versos tienen seis sílabas, consiste en un **estribillo**, es decir, dos versos que se repiten tres veces („Muérome de amores / desde que te vi.") y dos **pies**, estrofas de seis versos las cuales tratan de la admiración del zagal por Rosana.

■ La prosa del Siglo de las Luces

Dentro de la prosa cultivada en el Siglo de las Luces el **ensayo** es el género litera-rio más importante por ser ideal para exponer las ideas ilustradas. Paralelamente, la **prensa** gana terreno, distribuye también el pensamiento nuevo y es la precondi-ción de la opinión pública. Ejemplos conocidos son el *Diario de los Literatos de España* (1737–1742), la revista *El Censor* (1781–1787) y el semanal *El Pensador* (1762–1767). **Francisco Mariano Nipho (1719–1803)** se convierte en el primer periodista profesional de España.

Ensayo y prensa

A diferencia del ensayo y el género periodístico, la narración ficticia no juega un papel muy importante, aun-que se escriben también algunas novelas buenas. Dignas de mencionar son, sin duda alguna, *Vida* **(1743)** del sal-mantino **Diego de Torres Villarroel (1693–1770)**, una sátira caricaturesca al estilo picaresco, y la *Historia del famoso predicador fray Gerundio de Campazas, alias Zotes*, publicada en **1758** por el **Padre Isla**, otra sátira en la cual el autor arremete contra la retórica barroca y el estilo de las predicaciones en latín.

Novela

Torres Villarroel, Salamanca

Benito Jerónimo Feijoo. El *Teatro Crítico Universal*

El benedictino, oriundo de Orense **(1676–1764)**, es el personaje literario más im-portante de la **Ilustración primaria**. Después de estudiar Artes en Pontevedra y Teología en Salamanca pasa más de cincuenta años en el Colegio de San Vicente de Oviedo siendo catedrático de Teología Tomista. Muy temprano se dedica tam-bién a la obra literaria, motivado por el deseo de cambiar y mejorar la situación de España. Publica muchas obras, entre las cuales destacan los más de cien ensayos de su *Teatro Crítico Universal* **(1726–1739)** así como las *Cartas eruditas* que escribe y publica incansablemente entre **1742 y 1760**.

Vida y obras

El *Teatro Crítico Universal* es una colección de **118 discursos**, publicados en ocho volúmenes. Tratan **materias muy variadas** sin que se pueda reconocer un sistema de clasificación. La **diversidad** de los temas es enorme: política, econo-mía, filosofía, estética, moral, religión, supersticiones, enseñanza, ciencias natura-les, historia, literatura, filología y medicina. A causa de un contenido tan polifacé-tico queda patente el **carácter enciclopédico** de los ocho tomos.

Género

Discurso

El término «discurso» que aparece en el súbtitulo de la obra hay que comprenderlo en su **significado latino**: ir de una parte a otra, es decir, Feijoo no propaga teorías o tópicos irrefutables, sino que escribe de forma ensayística. Si un autor se enfrenta con tantos asuntos tan diferentes siempre existe el riesgo de que pierda de vista la finalidad de su escrito, su objetivo principal.

El benedictino, sin embargo, elabora en su *Teatro* un **concepto pedagógico-didáctico**; quiere que sus lecto-res saquen provecho de su manera de explicar fenómenos, criticar abusos o analizar la situación actual de España. Se puede decir que Feijoo introdujo con esta obra la versión moderna del ensayo en España y los autores de la Generación del 98 le consideran el **«padre de los ensayistas»**.

Leyendo el *Teatro Crítico Universal*, se notan varias **diferencias** si se comparan el estilo y el lenguaje feijoonianos con la literatura de la época barroca. Lejos del culteranismo de Góngora, del conceptismo de Quevedo y del estilo rebuscado de Gracián, el **lenguaje** del benedictino es **moderno, sencillo, funcional** y corresponde plenamente al lema de la Real Academia de la Lengua: «limpia, fija, da esplendor».

Feijoo no escribe tractados para especialistas utilizando el típico estilo oscuro del Barroco, sino que **se dirige al vulgo en un tono personal**, familiar y natural que pretende ser espontáneo. Para ilustrar su argumentación lógica emplea anécdotas o imágenes que tienen una gran fuerza expresiva.

Sus escritos se caracterizan por un **aire periodístico** que nos hace pensar en el estilo de **Larra**, un siglo más tarde. Tiende a la conversación, a la comunicación, aunque unilateral, y a veces el lector se siente como un estudiante en el aula escuchando a un catedrático que da una conferencia.

Como hemos mencionado, las últimas dos décadas del siglo XVII y las dos primeras del siglo XVIII constituyen la **transición del Barroco al Siglo de las Luces**. Con el *Teatro Crítico Universal*, Feijoo resume posiciones de una **nueva orientación intelectual**, las seculariza, vulgariza e inicia así la Ilustración española. El subtítulo de esta obra ya subraya claramente la **intención** del benedictino: *Discursos varios en todo género de materias para desengaño de errores comunes*. Su mensaje es, pues, **luchar contra todo tipo de errores y prejuicios**, es decir, errores científicos, religiosos, populares, supersticiones, etc.

Combatiendo opiniones erróneas, Feijoo escribe para muchos lectores, y la verdad es que en el siglo XVIII se vendieron aproximadamente 500.000 ejemplares del *Teatro Crítico Universal* y de las *Cartas Eruditas*. Feijoo postula avances científicos y morales, sus **objetivos** son, ante todo, **utilitarios**.

Su crítica significa la negación del principio de autoridad, dominante en los siglos anteriores. Aunque no critica la religión en sí **rechaza la tutela del saber por la teología**. Con estas premisas Feijoo se convierte en el representante más importante de la Ilustración temprana y muchos filólogos ven en él un «desengañador de España».

Su divisa predominante es el **«sapere aude»**, el «atrévete a saber». Aquí radica la **curiosidad enciclopédica de Feijoo** que lee y escribe sin cesar persiguiendo la meta de educar al hombre.

Gaspar Melchor de Jovellanos

Jovellanos (1744–1811), nacido y muerto en Asturias, es un representante típico de la Ilustración española. No sólo como **político** (ministro de justicia) sino también como **escritor** lucha permanentemente por ideas reformistas y se ve confrontado a menudo con la ideología tradicionalista de muchos contemporáneos suyos. A causa de su actitud ilustrada incluso pasa unos años en la cárcel (1801–1808).

Aunque Jovellanos escribe, sobre todo en su juventud, **poesía** y piezas teatrales, por ejemplo **melodramas neoclásicos** como *El delincuente honrado* (1773), sus escritos no son, mayoritariamente, literatura en sentido estricto de la palabra.

En aquel entonces todavía no se distingue tan claramente entre literatura ficticia y literatura pragmática como se suele hacer hoy en día. Para los ilustrados, pues, existe una **unidad** formada tanto por la literatura de ficción como por la prosa didáctica y utilitaria. Esto ocurre también en el caso de Jovellanos que publica reportajes como **periodista** y ocupa altos **cargos políticos** escribiendo artículos por orden del gobierno. Por eso, su prosa tiene más bien un **carácter documental y didáctico**, sus cartas y ensayos sirven para analizar y mejorar varios aspectos de la realidad española del siglo XVIII.

Jovellanos investiga, por ejemplo, las razones de la decadencia agrícola en el *Informe sobre la ley agraria* (1794), tal vez su escrito más conocido, y trata de contribuir a solucionar los problemas de la agricultura.

Rechazando el teatro posbarroco y defendiendo el neoclásico, nuestro autor aboga por una **finalidad educadora** del teatro en *Memoria sobre espectáculos y diversiones públicas* (1796). No sólo en este escrito sino también en *Memoria sobre educación pública*, publicada en 1802, se dedica a la formación y la educación del pueblo y propugna –en vista de la miseria del sistema educativo de su época– ideas pedagógicas y modernas. A causa de su rendimiento como político y autor ilustrado, Jovellanos personifica para Stenzel el ideal del **poeta filósofo**.[5]

Memorias

José Cadalso. Las *Cartas marruecas*

El gaditano José Cadalso y Vázquez **(1741–1782)** es el último de los importantes prosistas ilustrados. Desde su niñez viaja mucho, estudia como alumno en París e Inglaterra e ingresa, en 1766, como caballero en la **Orden militar de Santiago**. Sigue la carrera militar y muere prematuramente a los 41 años, durante un asalto a Gibraltar.

Vida y obra

Su obra literaria comprende **piezas teatrales**, como por ejemplo las **tragedias** *Don Sancho García* (1771) y *Solaya o los circasianos* (1770), una **elegía**, las *Noches lúgubres*, publicada en 1790, con elementos prerrománticos y **sátiras**, como *Los eruditos a la violeta* (1772), contra la educación superficial de los petimetres de la época que querían pasar por sabios y eruditos. Su obra principal, sin embargo, que le sitúa entre los grandes de la Ilustración española, la vamos a conocer detalladamente: las ***Cartas marruecas***, escritas ya en los años 70, pero publicadas póstumamente en 1793.

Obra literaria

Género

Esta obra de Cadalso es una **sátira epistolar seudooriental**, escrita por dos marroquíes y un español. Pertenece al género de los **libros de viajes**, muy en boga en aquella época. Hay precursores en las literaturas francesa (Montesquieu: *Lettres persanes*) e inglesa (Goldsmith: *The Citizen of the World – Chinese Letters*). Los **viajeros ficticios orientales** de esos libros, sólo a primera vista ingenuos, comparan los países europeos que visitan con su patria idealizada. Por medio del extranjero Gazel (joven e inexperto) el autor puede **criticar y juzgar las insuficiencias de España**, un procedimiento eficaz para evitar la censura. Pretendiendo que encontró (¡por casualidad!) estas cartas que publica ahora, Cadalso persigue con su crítica una **finalidad didáctico-moralizadora**. Sus *Cartas marruecas* reflejan la **inquietud intelectual** de su país a finales del siglo XVIII. Integra en su crítica ideas para mejorar la situación o para solucionar problemas, es decir, se trata de **literatura comprometida**.

La obra se compone de **noventa cartas**, de las cuales **Gazel**, el joven viajero marroquí, escribe sesenta y nueve. Los destinatarios son **Ben-Beley** que representa la ancianidad y sabiduría del hombre, y el español **Nuño Núñez**, un hombre de bien, que simboliza la etapa de la madurez. La complementariedad de los personajes con respecto al camino de la vida humana es obvia; son tres hombres de juicio imparcial que se entienden sin límites de edad o de cultura.

Estructura

Los temas de las *Cartas marruecas* son muy variados y no siguen ningún orden sistemático. Los remitentes de las cartas esbozan un **panorama de la historia española** y analizan el papel de **España en el mundo**. Escriben sobre el carácter nacional, las costumbres españolas y las ideas de la Ilustración. Otros temas son el patriotismo, la vida retirada, las ciencias, la educación y la formación, la literatura, el barroquismo y un largo etcétera. Aparte de estos temas concretos de crítica social se tratan también **cuestiones filosóficas** como por ejemplo el concepto de la virtud y la hombría de bien.

Temas

Al esbozar la situación de su patria, el **análisis de la historia** de España le parece de suma importancia para encontrar las raíces de los problemas. La conclusión que saca Cadalso de esta evolución es la base para el tratamiento de su tema central: **la preocupación por España** o España como preocupación.

Preocupación por España

A causa de las continuas **guerras**, las **conquistas** y **reconquistas** permanentes, España gastó muchos recursos materiales (y también ecológicos) y enormes energías humanas que se habrían empleado mejor en otros campos.

Causas

La **Religión** parece ser el único estímulo de todas las acciones españolas; se **menosprecian** el comercio, la industria, la agricultura y las ciencias. Los nobles y los hidalgos viven como **parásitos** en la sociedad española, desdeñando el trabajo y envaneciéndose de su nobleza hereditaria.

No en último lugar, las riquezas que se adquirieron de la noche a la mañana en América impidieron que muchos españoles se dedicasen al cultivo de las artes mecánicas, de los negocios, de las relaciones comerciales como base sólida de una economía fuerte tanto a nivel estatal como en el ámbito privado. Éstas son, según Cadalso, las **causas de la crisis** de su tiempo que hay que superar tan pronto como sea posible.

Mensaje

Como hemos visto, casi todos los temas de las *Cartas marruecas* giran en torno al **problema de España**. La intención del autor consiste en animar a sus contemporáneos a **renovar el país** para que pueda ocupar un lugar adecuado en el mundo. En este contexto de ideas quiere mantener tradiciones positivas y dirigirlas hacia una síntesis con el **progreso europeo**. España, a finales del siglo XVIII, según Cadalso, el „esqueleto de un gigante" (carta III), tiene que recuperar el atraso frente a Francia o Inglaterra. Después de haber analizado las causas de la decadencia española, Cadalso aboga por mejoras en muchos campos y destaca la necesidad de una **apertura hacia Europa**.

■ El teatro del Siglo de las Luces

Panorama

En cuanto al género teatral, el siglo XVIII es una época de **transición, de contrastes** y de **polémicas**. Al igual que en la lírica, durante las primeras décadas se prolongan las **tendencias barrocas**. En el teatro posbarroco se representan comedias que sirven meramente de **entretenimiento** del público, imitando las piezas de Calderón, Lope, Tirso y otros dramaturgos del siglo XVII, pero sin alcanzar el mismo nivel. Estas piezas carecen de originalidad y los dramaturgos exageran el espectáculo con efectos especiales y sorprendentes, un rasgo que ya se había notado en varias piezas del barroco tardío. Sin embargo, entre el público estas piezas tienen bastante éxito, porque los espectadores buscan la **diversión** y la **evasión**. Muy populares son, en aquel entonces, sobre todo las **comedias de magia** y las **comedias heroicas**, como por ejemplo *El hechizado por fuerza* de Antonio de Zamora (1664–1728) o *Las cuentas del Gran Capitán* de José de Cañizares (1676–1750).

Polémica

Después de la publicación de *La Poética* de Luzán en 1737 comienza, poco a poco, una polémica entre los **defensores** del teatro tradicional o continuista del posbarroquismo y los **aficionados a las comedias ilustradas** cuyos objetivos son más bien didácticos y morales. Varios autores escriben **tragedias neoclásicas** de temática nacional, otros favorecen estructuras claras y la estricta observación de las reglas aristotélicas o un contenido educativo y satírico. También se desarrolla un subgénero teatral muy exitoso en la segunda mitad del siglo XVIII cuyas piezas, relativamente breves, cómicas y satíricas, retratan las costumbres de las clases media y baja y su vida urbana: el **sainete**.

El sainete. Ramón de la Cruz

Vida y obras

El madrileño **(1731–1794)** trabaja como **funcionario** y es protegido por el duque de Alba. Traduce comedias de autores franceses y se integra en los círculos clasicistas de su tiempo. Como escritor compone **zarzuelas, loas** y **tonadillas**. El éxito más grande, sin embargo, lo tiene como autor de aproximadamente **500 sainetes** que escribe a partir de 1760. Debido a su popularidad se convierte en el autor dramático más famoso del siglo XVIII.

El sainete es una **pieza teatral de breve extensión** (un acto, más o menos media hora de duración) que **refleja las costumbres** populares de la época. De carácter generalmente **cómico-burlesco** o **satírico** se solía intercalar entre los actos de una comedia. Es decir, el sainete es el **tipo dieciochesco del entremés barroco** o de los pasos de Lope de Rueda en la primera mitad del siglo XVI.

Un género popular...

Siendo un **género teatral tradicional**, arraigado en el **gusto del público** español y especialmente madrileño, se explica el gran éxito de los sainetes. En muchos sainetes falta la acción en el sentido estricto de la palabra; son más bien retratos populares.

... y muy exitoso

Los personajes, por lo general, no son caracteres individuales sino **representantes típicos** de la sociedad madrileña de entonces: manolos, majos y majas, petimetres, etc. Como casi todos los sainetes incluyen **intermedios musicales** –las llamadas tonadillas– se puede decir que este género chico está destinado en primer lugar a entretener al público. Sin embargo, hay también algunos que persiguen fines didáctico-moralizadores o que son **parodias llenas de ironía**. Estrechamente relacionada con ésta está la intención de Ramón de la Cruz de desarrollar la **literatura urbana**, especialmente de Madrid, retratando la capital con sus barrios típicos, las plazas y calles céntricas y, sobre todo, a sus habitantes. Insertando muchos elementos folclóricos de aquel entonces, prepara el **costumbrismo del siglo XIX**.

Ingredientes

La tragedia. Vicente García de la Huerta.

El extremeño de Zafra (Badajoz, **1734**–Madrid, **1787**) estudia en Salamanca, pero luego se traslada a Madrid, donde pasa diez años en círculos literarios, protegido por el duque de Alba. Después del motín de Esquilache en 1766 huye a París; más tarde es condenado al destierro en Orán y regresa en 1777. En 1778 tiene lugar en Madrid el estreno de su obra más importante, la tragedia *Raquel*, expresión de su pensamiento antiabsolutista. En los últimos años de su vida sigue traduciendo piezas teatrales francesas, publica el *Theatro Hespañol* y, un año antes de la muerte, sus *Obras poéticas.* Su nombre, sin embargo, hoy en día sólo está relacionado con *Raquel*, considerada la mejor tragedia neoclásica nacional del siglo XVIII.

Vida y obras

La tragedia se remonta a una leyenda medieval y trata de la **relación amorosa** entre el rey **Alfonso VIII** (1158–1214) y la judía **Raquel**. Ésta ejerce un enorme influjo en el rey, exige impuestos exagerados de los castellanos y favorece a los judíos. Alfonso, ciegamente enamorado de ella, incluso la admite como reina consorte: „Sabed que ya Raquel reina conmigo." (II, 674) En el tercer acto, con el rey ausente, Raquel tiraniza al pueblo, provoca una revuelta y es asesinada. Alfonso, a su vez, mata al asesino, pero perdona a los súbditos porque reconoce su ceguedad y se siente responsable de las consecuencias.

Trama

Unánimemente, la **crítica literaria** considera la tragedia como una obra antiabsolutista,[6] porque Huerta presenta con Alfonso VIII en la España del despotismo ilustrado bajo Carlos III a un rey que no corresponde a la imagen ideal de un monarca. El autor no favorece el absolutismo introducido en España por los Borbones sino un modelo caracterizado por un **equilibrio** entre la monarquía, la nobleza y el pueblo que tiene una larga tradición en España.

Antiabsolutismo

El contexto histórico-político de la tragedia lo constituye el llamado «**motín de Esquilache**» de 1766, según Pietschmann el acontecimiento más espectacular de la política interior de todo el siglo XVIII.[7] Este motín expresa el descontento de la población madrileña con unas decisiones personales y administrativas del rey Carlos III. Se dirige especialmente contra la influencia de unos ministros extranjeros en la corte española, como por ejemplo Esquilache y Grimaldi. Ante este telón de fondo contemporáneo hay que ver la intriga de Raquel que abusa de su poder, siendo la amada del monarca Alfonso VIII. De esta forma, la crítica frente a Carlos III es fácil de reconocer y no sorprende que la nobleza acoja con gran simpatía la tragedia que es prohibida después de poco tiempo.[8]

Contexto histórico

Designada por Moir como la **obra cumbre** del teatro político en el siglo XVIII,[9] *Raquel* es una de las pocas tragedias neoclásicas dignas de mencionar. Huerta trata el asunto, que tiene una larga tradición literaria,[10] **respetando** estrictamente **las reglas** fijadas por Luzán en su *Poética*. Esto se refiere tanto a las **unidades** de lugar, tiempo y acción como al criterio de la **verosimilitud**. Además, el dramaturgo traslada la trama a una **época remota** para disponer de más libertades poéticas y tampoco olvida el **aspecto didáctico-moralizador**. La pieza combina **elementos progresivos y tradicionales**, cumple los postulados de las **innovaciones neoclásicas** y, abogando por la dominación de excesivas pasiones, Huerta se acerca a otros dramaturgos ilustrados, como Leandro Fernández de Moratín.[11]

La comedia. Leandro Fernández de Moratín

Leandro (1760–1828), el hijo de Nicolás Fernández de Moratín, asimismo escritor, es probablemente el **mejor dramaturgo ilustrado español** y el más conocido en el exterior. A lo largo de su vida viaja mucho por diferentes países europeos (Francia, Bélgica, Alemania, Suiza, Italia, Inglaterra) y es secretario del diplomático Cabarrús en París, donde muere también.

En su juventud escribe **poesía**, durante sus viajes **relatos de viaje**, un **diario** y **cartas**. Más tarde, se dedica al género dramático, concibiendo una obra teórica y documental, *Orígenes del teatro español* y **cinco comedias**, apreciadas no sólo por el público debido a sus asuntos divertidos, sino también por los críticos por su alta calidad literaria: *El viejo y la niña* (1790), *La comedia nueva o El café* (1792), *El barón* (1803), *La mojigata* (1804) y *El sí de las niñas* (1806). A continuación vamos a analizar detenidamente *La comedia nueva*, porque representa perfectamente el modelo del teatro neoclásico e ilustrado de la época.

La comedia nueva o El café, según Dowling „a key work in the history of the Spanish theater",[12] es **metateatro**, o sea, una obra teatral sobre el teatro. La intención de Moratín es contribuir a una **mejora del teatro dieciochesco**. Para realizar este objetivo critica tanto el teatro de su época en general como el subgénero de la comedia heroica en especial.[13]

Moratín ejemplifica su crítica global ridiculizando la comedia *El gran cerco de Viena*, escrita por el novel dramaturgo don Eleuterio. Eligiendo precisamente una obra tal, „La flecha de Moratín va dirigida contra la llamada comedia heroica", comenta Dowling en otro estudio sobre *La comedia nueva*.[14]

La **sencillez** de la comedia moratiniana contrasta con la estructura complicadísima de la obra satirizada. Además, el autor neoclásico se atiene férreamente a las **reglas** de lugar (un café al lado de un teatro madrileño), tiempo (sólo dos horas) y acción (la discusión sobre el estreno y los motivos del fracaso de la comedia de Eleuterio).

Mientras que **Luzán** escribe en su *Poética* un **tratado teórico** sobre las reglas del drama y sobre el criterio de la verosimilitud que hay que respetar al componer una buena obra, **Moratín** transforma estos preceptos y **pone en escena una comedia modelo** que tiene en cuenta los objetivos de los reformadores.

La **intención** de Moratín, sin embargo, no se limita a poner de relieve los defectos de la pieza teatral de Eleuterio. Va más allá al criticar por ejemplo las **circunstancias** bajo las cuales «trabajan» dramaturgos populares de aquella época porque tienen que hacerse amigos de los aficionados y cómicos de las compañías rivales para impedir el fracaso de su función.

Como advierte Fernández Cabezón, Moratín aborda también el tema de **la impresión** de las piezas teatrales. Refiriéndose a la tercera escena del primer acto escribe: „A través de don Pedro se denuncia la insensatez de los dramaturgos que publican sus piezas antes de someterlas al juicio de los espectadores."[15] Poco después continúa: „A propósito de las ediciones, Moratín lanza una nueva pulla contra los autores populares cuando don Eleuterio enumera los establecimientos en los que se puede hallar su comedia."[16]: en la tienda de vinos, en la del herbolario, en la jabonería, etc., es decir en lugares poco aptos para distribuir piezas teatrales.

A pesar de todos los puntos de crítica mencionados hasta ahora hay que subrayar que la comedia de Moratín no finaliza en un tono pesimista sino con la **esperanza** de una mejora del teatro que el autor formula mediante su portavoz don Pedro en el curso de varias escenas. Al final, después de haber repetido en varias ocasiones la necesidad de una reforma del teatro contemporáneo, la crítica teórica de don Pedro se convierte en ayuda práctica ("socorros efectivos y prontos", II, 9: 37) cuando convence a Eleuterio de dejar de escribir comedias e incluso decide espontánea y generosamente pagar las deudas de éste. Fin conciliador

Terminando con la exclamación de don Antonio: "¡Qué lección me ha dado usted esta tarde!" (II, 9: 50s.), Moratín resalta de nuevo el **carácter didáctico-moral y útil** de *La comedia nueva* y el deseo de poder influir activamente en la reforma urgente del teatro a finales del siglo XVIII.[17] Mensaje

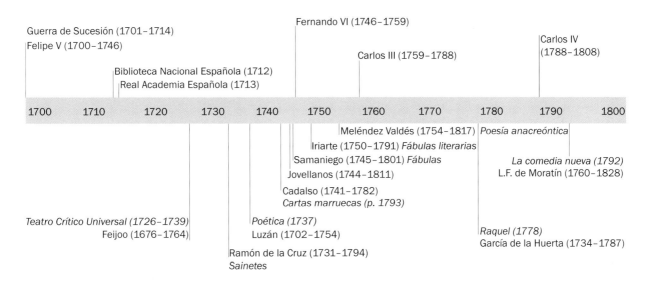

Para recordar:

◆ Después de la Guerra de Sucesión se instaura la dinastía francesa de Borbón.

◆ En las primeras décadas del siglo XVIII España es un país retrasado.

◆ En el siglo XVIII empieza la época de las dos Españas: los dos grupos opuestos son los tradicionalistas conservadores y los ilustrados liberales (heterodoxos).

◆ La Ilustración española es una Ilustración «desde arriba»: los impulsos reformadores vienen de intelectuales, de la aristocracia y de la burguesía, no del pueblo sencillo.

◆ El monarca Carlos III es el prototipo del despotismo ilustrado.

◆ Se fundan la Biblioteca Nacional Española, la Real Academia Española y varias Sociedades de Amigos del País.

◆ Después de una fase de estancamiento durante el posbarroquismo se desarrolla la lírica dieciochesca con las siguientes corrientes: la poesía anacreóntica (poesía rococó), la poesía ilustrada o filosófica y la poesía prerromántica.

◆ Los fabulistas más importantes son Félix María de Samaniego y Tomás de Iriarte.

◆ Iriarte escribe fábulas literarias para facilitar la comprensión de las teorías literarias clásicas.

◆ El poeta más destacado del siglo XVIII es Juan Meléndez Valdés que domina todos los subgéneros poéticos de la época.

◆ Dentro de la prosa del siglo XVIII, la prosa utilitaria juega un papel primordial.

◆ Especialmente importantes son los ensayos, pero también los informes, artículos, discursos, memorias y cartas son frecuentes.

◆ Benito Jerónimo Feijoo es la figura sobresaliente de la Ilustración primaria. Su *Teatro Crítico Universal* trata de materias muy diversas.

◆ Ignacio de Luzán escribe con *La Poética* la obra teórica más importante del Siglo de las Luces, fijando reglas para todos los géneros literarios.

- Gaspar Melchor de Jovellanos es un político y poeta filósofo que aboga en todos sus escritos por los objetivos de la Ilustración.
- José Cadalso escribe con las *Cartas marruecas* una sátira epistolar seudooriental en la cual analiza la situación de su país y propone mejoras para acercar a España al nivel de otras naciones europeas.
- El ambiente teatral del siglo XVIII está marcado por la transición de tendencias (pos)barrocas al teatro neoclásico de la Ilustración.
- Ante el telón de fondo de la *Poética* de Luzán los subgéneros principales son la tragedia de temática nacional y la comedia. Muy populares son también los sainetes.
- Dramaturgos destacados son Ramón de la Cruz, García de la Huerta y Moratín.

📖 **Para saber más:**

- Caso González, J. M. (Hg.): *Ilustración y Neoclasicismo*, Band 4 von Rico, F. (Hg.): *Historia y Crítica de la Literatura Española*, Barcelona 1983.
- Jüttner, S. (Hg.): *Spanien und Europa im Zeichen der Aufklärung*, Frankfurt/M. 1991.
- Jacobs, H. C.: *Schönheit und Geschmack: Die Theorie der schönen Künste in der spanischen Literatur des 18. Jahrhunderts*, Frankfurt/M. 1996.
- Jüttner, S.: „Von der Schwierigkeit, Mythen stillzulegen: Spanische Literatur und Aufklärung in der deutschen Hispanistik", in: *Iberoamericana*, 23, (1999), S. 5–38.
- Juliá, S.: *Historias de las dos Españas*, Madrid 2005.
- Queipo Rodríguez, M. M.: *Ideas ilustradas en las fábulas de Iriarte y Samaniego*, Oviedo 1986.
- Saenz, P.: „Revitalización de la poesía ilustrada: El romance en la poesía de Meléndez Valdés", in: *Dieciocho*, 12, (1989), S. 34–44.
- Sánchez-Blanco, F.: *La prosa del siglo XVIII*, Madrid 1992.
- Wolfzettel, F.: *Der spanische Roman von der Aufklärung bis zur frühen Moderne*, Tübingen / Basel 1999.
- Tietz, M. (Hg.): *La secularización de la cultura española en el Siglo de las Luces*, Wiesbaden 1992.
- González García, I.: „Las ideas políticas y sociales de Feijoo", in *Studium Ovetense*, 4, (1976), S. 115–138.
- Makoviecka, G.: *Luzán y su 'Poética'*, Barcelona 1973.
- Caso González, J. M.: „Jovellanos y su tiempo", in *Bulletin of Hispanic Studies*, 68, (1991), S. 91–105.
- Lope, H.-J.: *Die 'Cartas marruecas' von José Cadalso. Eine Untersuchung zur spanischen Literatur des 18. Jahrhunderts*, Frankfurt a. M. 1973.
- Ebersole, A.: *Los sainetes de Ramón de la Cruz: nuevo examen*, Valencia 1984.
- Ríos Carratalá, J. A.: *Vicente García de la Huerta (1734–1787)*, Badajoz 1987.
- Fernández Cabezón, R.: *Cómo leer a Leandro Fernández de Moratín*, Madrid 1990.

■ Actividades

1. **¿Lo has entendido? Comprueba tus nuevos conocimientos adquiridos con este quiz.**

   1. Con las „dos Españas" se denominan
      a. la España peninsular y los archipiélagos
      b. la España europea y las colonias ultramarinas
      c. la España de los tradicionalistas conservadores y la España de los ilustrados liberales
      d. la Meseta castellana y el litoral mediterráneo

   2. Carlos III apoya la Ilustración española según el lema
      a. Todo por la patria
      b. Todo para el pueblo, pero sin el pueblo
      c. ¡Viva España!
      d. Unidad, fraternidad, libertad

3. Los géneros literarios más importantes de la Ilustración española son
   a. la prosa didáctica y el teatro
   b. la lírica posbarroca y el ensayo
   c. los sainetes y la poesía rococó
   d. las fábulas tradicionales y los melodramas neoclásicos

4. El máximo representante de la poesía anacreóntica es
   a. Tomás de Iriarte
   b. Juan Meléndez Valdés
   c. Félix María de Samaniego
   d. Gaspar Melchor der Jovellanos

5. El *Teatro Crítico Universal* de Feijoo es
   a. un auto sacramental de la primera mitad del siglo XVIII
   b. una poética sobre la concepción del teatro neoclásico
   c. una colección de más de cien discursos sobre materias muy variadas
   d. una sátira caricaturesca al estilo picaresco

6. Las *Cartas marruecas* de Cadalso son
   a. cartas amorosas entre una española y un joven marroquí
   b. cartas intercambiadas entre españoles que viajan por Marruecos
   c. cartas comerciales que preparan un negocio importante entre España y Marruecos a finales del siglo XVIII
   d. una sátira epistolar seudooriental que pertenece al género de los libros de viaje

7. Ramón de la Cruz, el autor dramático más exitoso de su época, es conocido por
   a. sus tragedias
   b. sus comedias de capa y espada
   c. sus sainetes
   d. sus comedias heroicas

8. *La comedia nueva o El café* de Moratín
   a. es metateatro de carácter didáctico-moral
   b. es una obra concebida meramente para entretener al público
   c. glorifica la comedia heroica
   d. prolonga la tradición de las tendencias barrocas

2. **Texto. Resume brevemente los rasgos principales de los subgéneros teatrales a lo largo del siglo XVIII y destaca las tendencias diferentes.**

3. **Debate. Cadalso escribe en sus *Cartas marruecas* que „en la muerte de Carlos II [1700] no era la España sino el esqueleto de un gigante". Discutid sobre el sentido de esta frase y si está justificada en vista de la situación del país durante el siglo XVIII.**

4. **Proyecto. Leed en clase el sainete *El Manolo* de Ramón de la Cruz y representad las escenas clave.**

4. El siglo XIX

En este capítulo vamos a aprender:

◆ El contexto histórico-político, caracterizado por conflictos y enfrentamientos bélicos en España así como la pérdida sucesiva de las colonias ultramarinas
◆ Las corrientes literarias principales: el Romanticismo, el Realismo y el Naturalismo
◆ Los representantes más importantes de la lírica romántica: Espronceda y Bécquer
◆ La figura principal del costumbrismo y la prosa romántica: Larra
◆ La prosa del Realismo cuyos representantes más conocidos son «Fernán Caballero», Alarcón, Pérez Galdós y «Clarín»
◆ El teatro del Romanticismo y su obra estrella: *Don Juan Tenorio*

■ Introducción

Época histórica

Carlos IV y Godoy

Trafalgar

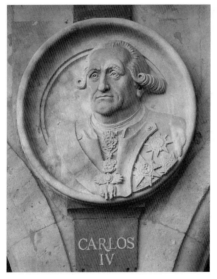

Carlos IV (medallón conmemorativo, Salamanca)

En su totalidad, el siglo XIX español es una época llena de conflictos, revoluciones, convulsiones y cambios políticos. Como es de suponer, estos acontecimientos y crisis se reflejan en la literatura.

Durante el reinado de **Carlos IV (1788–1808)** ya se agotan paulatinamente las corrientes ilustradas de la etapa anterior. El rey, un monarca débil, no gobierna verdaderamente, sino que depende de su primer ministro y favorito de la reina, **Manuel Godoy (1767–1851)**. Éste quiere garantizar, mediante tratados, la paz y la neutralidad del país en los conflictos de la Francia revolucionaria con Europa. Sin embargo, sus esfuerzos resultan una ilusión.

Como aliado obligado de **Napoleón**, España pierde la **batalla de Trafalgar (1805)**, cerca de Cádiz, contra los ingleses y, a continuación, la dominación marítima. Esto tiene gravísimas consecuencias económicas para el monopolio comercial con las colonias ultramarinas.

1808 – un año clave

Si el año 1492 marca el comienzo de la época moderna y del Imperio español, el año 1808 suele considerarse como el **principio** de la **época contemporánea** y del **fin del Imperio colonial**.

Napoleón, pactando con Godoy, persigue el objetivo de extender el territorio francés hasta el Ebro. Debido a la resistencia popular contra Godoy y Carlos IV, éste tiene que abdicar y su hijo, **Fernando VII**, se proclama rey. El pueblo, sin embargo, no acepta tampoco a él ni mucho menos a las tropas invasores. Así empieza, con la sublevación de Madrid del **2 de mayo de 1808**, la **Guerra de la Independencia** contra Francia.

Consecuencias

La resistencia de la población madrileña se convierte rápidamente en una **guerrilla** contra las tropas francesas, superiores desde el punto de vista militar, y en un **movimiento de liberación nacional** cuyos ecos repercuten también en Hispanoamérica. A partir de 1809, las colonias ultramarinas se declaran independientes

Placa conmemorativa en la Plaza del 2 de mayo (Madrid)

y se pierden sucesivamente hasta 1898. En España nace un **sentimiento patrió-
tico** muy fuerte, los afrancesados y reformistas ilustrados se desacreditan y la
economía se ve perjudicada y arruinada completamente por seis años de guerra
consecutivos.

Cádiz

En Cádiz se promulga en 1812 la primera **Constitución liberal** de España cuyo objetivo es abolir las estructuras del Antiguo Régimen con los estamentos (clero, nobleza, pueblo), la Inquisición, las pruebas de limpieza
de sangre y conseguir tanto el reconocimiento de los derechos ciudadanos como la igualdad de todos y la
organización de un Estado democrático. Los conservadores, sin embargo, que forman la mayoría del pueblo,
tratan de limitar su influencia y los contrastes entre las «dos Españas» se agudizan.

A causa de la guerra contra Rusia en 1812, Napoleón tiene que retirar a su
ejército de España y permite el **regreso de Fernando VII en 1813**. Éste restaura
en seguida el Antiguo Régimen y suprime la Constitución de Cádiz que no vuelve
a estar en vigor hasta 1820 cuando empieza el llamado **Trienio Liberal** (hasta
1823) y el rey tiene que jurar la Constitución liberal.

Fernando VII

Pero con la ayuda del ejército francés Fernando VII logra, de nuevo, la vuelta
al poder e inicia reformas económicas y administrativas. De esta forma, decepcio-
na a las fuerzas conservadoras que favorecen a su hermano, **Carlos María Isidro**,
que pretende seguirle en el trono. A pesar de ello, a Fernando VII le sucede, después de su muerte en 1833, su hija **Isabel (1830–1904)**, representada durante los
años de la infancia por su madre, la reina **María Cristina.**

También las décadas siguientes están llenas de conflictos. Para lograr sus objetivos, los partidarios de Carlos provocan **tres guerras**, las llamadas guerras carlistas –y las pierden todas (1833–39, 1847–49, 1872–76). Tras ellas se encuentra
en realidad la cuestión de si siguen dominando las fuerzas absolutistas y católico-
conservadoras (carlistas) o si se imponen las fuerzas liberales. Otra vez las discrepancias entre las dos Españas crecen aunque poco a poco un liberalismo moderado –y bastante débil– triunfa. En **1868** hay una **revolución militar** y la reina tiene
que exiliarse a Francia. Durante la tercera guerra carlista se proclama la **Primera
República (1873–74)** con cuatro presidentes en diez meses.

Guerras carlistas

Otro golpe militar facilita la **restauración borbónica**. **Alfonso XII**, el hijo
de Isabel II, una reina tan incapaz de gobernar como su padre, es proclamado rey
(1875–1885) y el conflicto entre los conservadores y los liberales desemboca en

Restauración

un sistema de elecciones manipuladas **(turnismo)**, de forma que se garantiza cierta paz social a costa de una auténtica democracia.

1898 – un año fatídico

Este siglo tan agitado termina como empieza –con enfrentamientos bélicos, esta vez lejos de España. En aquel **«año del desastre»** España pierde los últimos restos del Imperio colonial –Cuba, Filipinas y Puerto Rico– en una breve guerra contra los Estados Unidos de América. Con el Tratado de París del 10 de diciembre de 1898, en el cual España renuncia todos los derechos sobre sus últimas colonias, **acaba oficialmente la época del Imperio** que duró cuatro siglos. A finales del siglo XIX, pues, España se hunde en una **profunda crisis** después de una derrota militar que desestabiliza también la política interior y que afecta a la economía porque le priva a la industria de un mercado exterior importante.

■ La literatura del siglo XIX

> **Corrientes**
>
> En términos generales, podemos distinguir entre dos grandes corrientes literarias que corresponden al desarrollo histórico-político del siglo XIX: el **Romanticismo,** que abarca los años de las revoluciones liberales de la primera mitad del siglo, y el **Realismo**, de carácter más bien pragmático, que corresponde a la segunda mitad cuando la mentalidad exaltada se tranquiliza y se desarrolla una economía capitalista en una sociedad burguesa. De su concepción y sus principios se desarrolla, hacia finales del siglo, el **Naturalismo** que pone de relieve, mediante observaciones detalladas, sobre todo los aspectos desagradables de la existencia humana.

Romanticismo

Este movimiento cultural y literario, que surge en Alemania, Francia e Inglaterra ya a finales del siglo XVIII, se desarrolla en España a partir de los años 20 del siglo XIX. El poeta **Manuel José Quintana (1772–1857)** utiliza el concepto «romántico» por primera vez en contraposición a lo clásico, subrayando la distancia del intelectualismo ilustrado. Así el Romanticismo supone la **ruptura con el Neoclasicismo** y opone la imaginación, la libertad exaltada, los sentimientos apasionantes y el individualismo a la mentalidad más bien racional de la Ilustración.

Frente al racionalismo del Siglo de las Luces, se nota la **búsqueda de otra realidad**, la exaltación de lo irracional, de las emociones subjetivas, los ideales imposibles de alcanzar y, finalmente, una **nueva concepción del yo**, de forma que el contraste con la realidad y los conflictos de identidad llevan consigo sensaciones melancólicas y frustradas así como cierta angustia existencial.

El bien más alto es la **libertad**, tanto en la vida pública como en la privada. Se rechazan las reglas y normas neoclásicas al buscar la originalidad y un estilo inconfundiblemente personal. Además se ponen de relieve lo tradicional, las costumbres españolas y la historia nacional.

Tratando de descubrir la **esencia de España**, los escritores buscan temas y leyendas populares y los autores extranjeros se sienten atraídos por una España que les parece exótica debido a sus paisajes únicos, sus costumbres «típicas» (flamenco, lidia) y las formas de vida diferentes, lo que contribuye considerablemente a la formación de tópicos que han sobrevivido, parcialmente, hasta hoy. Los **géneros literarios** más populares son la poesía lírica, el drama, la novela histórica y el artículo de costumbres.

Realismo

Al igual que el Romanticismo, cuyo influjo se nota en muchos países, tampoco el Realismo es un **fenómeno** nacional sino **europeo**. A grandes rasgos, comprende en España las décadas a partir de los años sesenta, cuando las masas obreras participan más activamente en la vida pública (fundación del PSOE en 1879 y de la UGT en 1888), se desarrollan los estados democráticos y las transformaciones sociales y económicas llevan consigo el crecimiento industrial y el de las grandes ciudades.

Los autores, sobre todo los novelistas, tratan de concebir obras literarias que reflejen objetivamente la vida social del pueblo y que sean la **representación de la realidad**. Por eso, el criterio de la **verosimilitud** vuelve a ganar en importancia y la **vida cotidiana** se convierte en el telón de fondo de las novelas. El Realismo es la época por antonomasia del **narrador omnisciente**, que se inmiscuye, que organiza el asunto, comenta los episodios, juzga a los personajes y guía al lector por novelas cuyos temas y problemas son religiosos, políticos, ideológicos o históricos. Las obras suelen estar escritas en un **tono sencillo, claro y exacto**, sin las exageraciones enfáticas del Romanticismo. Aunque se publican obras en todos los géneros, la **novela** es el género literario más importante del Realismo español.

En las últimas dos décadas se produce otro cambio en los gustos literarios, procediendo de tendencias novelísticas desarrolladas en Francia por Emile Zola (1840–1902): se introduce el **Naturalismo**. El concepto estético consiste en describir con exactitud casi científica la **conducta** de los caracteres, sobre todo de las capas sociales desfavorecidas, presentar minuciosamente todos los **aspectos** de la realidad, frecuentemente los **feos y crueles**, copiando la naturaleza, y tratar **conflictos y vicios** humanos, explicándolos por medio de la condición biológica y psicológica del hombre o la **concepción determinista** de la vida. Las novelas naturalistas se caracterizan frecuentemente por una **actitud pesimista** y fatalista del autor en cuanto al sino del ser humano que coincide con las circunstancias sociales miserables de sus figuras.

Naturalismo

■ La lírica del Romanticismo

El Romanticismo, comparado con otros países europeos, aparece relativamente tarde en España y por eso la lírica romántica es un fenómeno tardío. Sin embargo, pronto vive un auge espectacular por ser el género ideal para expresar los **sentimientos típicos** de la época: el anhelo de libertad, el amor y la mujer idealizada, así como el desengaño y la soledad. El **estilo** corresponde perfectamente a las actitudes exaltadas y las sensaciones exageradas –es sumamente **altisonante y exclamativo**.

Características

Algunos de los poetas del Romanticismo escriben también piezas teatrales muy famosas, como por ejemplo **Ángel Saavedra, Duque de Rivas** o **José Zorrilla**. Por eso vamos a presentarles en el capítulo sobre el drama romántico y nos limitamos aquí a los dos poetas líricos más conocidos: **José de Espronceda (1808–1842)**, el prototipo del poeta romántico exaltado, y el representante más popular del llamado Posromanticismo: **Gustavo Adolfo Bécquer (1836–1870)**.

Representantes

José de Espronceda

Raras veces un poeta de la historia de la literatura española ha sido discutido de forma tan controversa como el lírico extremeño José de Espronceda cuya **vida breve y agitada** refleja perfectamente las circunstancias políticas marcadas por convulsiones e intranquilidad. Para círculos conservadores es meramente un «señorito mimado» mientras que los críticos progresistas ven en él un **compañero de Larra** que lucha decididamente por la democracia.

Vida y obra

Nacido en 1808, uno de los años clave de la historia española, lleva una vida inquieta caracterizada por **varios exilios** en Portugal, Inglaterra, Bélgica y Francia y no puede volver a España antes de 1832. Todas sus actividades como **periodista, político** o **escritor** se observan con recelo. Espronceda es una «persona no grata», permanentemente bajo sospecha de participar en acciones revolucionarias. Por eso, la censura se convierte en su fiel compañero.

De su obra lírica, el poema sobresaliente, uno de los más populares de toda la literatura española, es, sin lugar a dudas, *La canción del pirata* **(1835)**. No sólo contiene un mensaje muy comprometido sino que nos sugiere –a través de la identificación del autor con el protagonista del poema, el pirata– que se trata del legado literario de Espronceda.

Fragmentos

Con diez cañones por banda,
viento en popa, a toda vela
no corta el mar, sino vuela
un velero bergantín.
5 Bajel pirata que llaman,
por su bravura, el *Temido*,
en todo mar conocido
del uno al otro confín.

La luna en el mar rïela,
10 en la lona gime el viento
y alza en blando movimiento
olas de plata y azul;
y ve el capitán pirata
cantando alegre en la popa
15 Asia a un lado, al otro Europa,
y allá a su frente Estambul.

„Navega, velero mío
sin temor,
que ni enemigo navío,
20 ni tormenta, ni bonanza
tu rumbo a torcer alcanza,
ni a sujetar tu valor. [...]
Que es mi barco mi tesoro,
Que es mi Dios la libertad,
25 mi ley, la fuerza y el viento,
mi única patria, la mar."

„Allá muevan feroz guerra
ciegos reyes
por un palmo de tierra;
30 que yo aquí tengo por mío
cuanto abarca el mar bravío,
a quien nadie impuso leyes.[...]"

Tema

El tema de *La canción del pirata* es la descripción exaltada de la **vida de un pirata**, una vida libre e independiente al margen de la sociedad establecida.

Retrato del pirata

Todos los rasgos del „capitán pirata" se derivan de su canción misma mientras que la descripción introductoria no contiene ninguna información concreta sobre su carácter –salvo la observación de que está cantando „alegre" en la popa de su barco, es decir, está de buen humor y su estado de ánimo parece ser optimista.

Según sus propias palabras, **el pirata** anónimo **no teme a nadie**, al contrario: vence a todos y se muestra orgulloso de sus hazañas y victorias. Se siente **independiente**, no tiene que obedecer a las leyes y disfruta de un «imperio» ilimitado: „el mar bravío". Las **únicas leyes** que él acepta son las del **viento**, de los **elementos** que le rodean porque le proporcionan la **libertad absoluta** como individualista indomado. Y, aparentemente, está muy contento con esta forma de vivir –su conciencia está limpia y cuanto más aulla el viento o truena la tormenta tanto mejor se duerme el pirata, sosegado y seguro a pesar de los posibles peligros que le podrían amenazar.

Mensaje

Espronceda nos presenta con la figura del pirata un tipo de **antihéroe** que es característico de la época romántica debido a su **rebeldía contra la sociedad establecida**, en cuyo margen lleva una vida fuera de las normas y, a veces, fuera de la legalidad.

Extremadamente orgulloso e incluso cínico, el protagonista del poema trata de crearse su **propio mundo**, buscando su libertad y su paz justamente en el ambiente de los elementos indomados. Ya que sus rasgos personales son descritos de una forma muy exagerada en el curso de la canción, el pirata deja de ser un individuo inconfundible y se convierte en un **tipo estilizado**, retratado por tópicos y dotado de cualidades sobrehumanas, tan características de los (anti-)héroes románticos a los que topamos no sólo en la lírica sino también en obras dramáticas (de Zorrilla, del Duque de Rivas, de Gutiérrez, etc.).

Querer limitar, sin embargo, el mensaje de *La canción del pirata* a una descripción eufórica de un **antihéroe romántico**, cuya forma de vida se idealiza o glorifica, equivaldría a un estrechamiento de la perspectiva de interpretación.

Como constata justificadamente Sebold en un brillante artículo sobre el „Dolor oculto y el culto de la risa en la *Canción del pirata*", se trata sólo a primera vista de „un poema optimista y afirmador de la vida y la libertad humanas".[1] Es que bajo la superficie de esta **cosmovisión** obviamente tan positiva podemos descubrir pronto, analiza el crítico literario inglés, la „melancólica desesperanza", tan típica del Romanticismo.[2]

Esto significa que el poema no sólo está protagonizado por un antihéroe sino que el texto entero se distingue por un **carácter antisocial**. Es verdad que en un primer nivel, más bien superficial, predominan cierta alegría, un tono optimista y al mismo tiempo fresco, incluso tal vez un matiz de picardía, pero bajo esta corteza de aspectos positivos percibimos el **fondo pesimista**, el carácter «negro» del poema y de la actitud de Espronceda.

Tanto en las partes descriptivas como en la canción misma aparecen palabras que dejan traslucir la **agresividad del pirata contra la sociedad**, que nos enseñan que no sólo es un individuo que quiere conseguir o defender derechos humanos como la libertad o la igualdad sino que se presenta también en el papel de un personaje que no respeta a nadie. Esta **sugerencia antisocial** se prolonga en las unidades episódicas donde se hace cada vez más evidente y palpable el egoísmo del pirata. Una persona „a quien nadie impuso leyes", por ejemplo, se niega a vivir en una sociedad civilizada y un pirata como él tampoco se identifica con las normas y principios que rigen una sociedad tal. Nuestro protagonista hasta necesita una naturaleza hostil para poder dormirse tranquilamente, un claro indicio de su **arrogancia descarada** y de su **carácter rebelde** contra todo tipo de sociedad burguesa.

Así, *La canción del pirata* no sólo es el primer **poema romántico** español, sino también a la vez el más **radical** que refleja las sacudidas morales, sociales, religiosas y metafísicas y la configuración revolucionaria de un nuevo «yo» en una época caracterizada por muchas inquietudes. El pirata de Espronceda personifica la crítica del poeta contra la sociedad establecida y provoca tanto a la burguesía de miras estrechas como a los poderosos arrogantes. Refleja su **oscilación** entre compromiso político y egoísmo e individualismo sin límites.

Conclusión

Gustavo Adolfo Bécquer

Tradicionalmente, la obra lírica del sevillano Bécquer, muerto prematuramente a los 34 años, es considerada la cumbre de la poesía romántica. De verdad, sus ***Rimas*, publicadas póstumamente en 1871**, contienen todos los ingredientes y tópicos del Romanticismo, tratando temas como el amor, el desengaño, la soledad y la muerte. La etiqueta «obra cumbre» de una corriente literaria, sin embargo, siempre implica hasta cierto grado el final de una evolución así como la búsqueda de formas nuevas. Por eso, está justificado ver en la lírica de Bécquer también la **superación del Romanticismo**, situar sus poemas entre un Romanticismo agotado y el comienzo de la modernidad.

Vida y obra

Diez Huélamo, por ejemplo, dice de él que es „el primer gran lírico precontemporáneo de España".[3] La crítica literaria actual añade otros aspectos de interpretación cuando subraya el carácter lúdico-manierista de las *Rimas*, pone de relieve la distancia irónica del poeta frente a tópicos románticos y se dirige explícitamente contra una recepción ingenua de Bécquer como „un poeta final del romanticismo epigonal".[4]

La prosa del Romanticismo

Costumbrismo

El subgénero narrativo más popular de la primera mitad del siglo XIX es el **artículo de costumbres**. El costumbrismo trata, en forma de artículos, publicados normalmente en los periódicos, de la sociedad contemporánea, de sus –como indica el término– costumbres, de fenómenos típicos del país o describe el ambiente folclórico de la época.

Mesonero Romanos

Un representante importante del costumbrismo es **Ramón de Mesonero Romanos (1803–1882)** que se dedica en sus artículos preferentemente a la descripción de la **vida urbana de Madrid**, de la gente típica de los barrios como Lavapiés y que se convierte –gracias a sus dotes extraordinarias de caracterizar el ambiente y la realidad circundantes– en uno de los precursores de la novela realista.

El artículo de costumbres. Mariano José de Larra

Vida y obras

Aún más famoso, y mejor conocido en el extranjero, sin embargo, que Mesonero Romanos es el madrileño **Mariano José de Larra (1809–1837)**. En su vida tan breve publica un drama, *Macías* (estrenado en 1834), una novela histórica, *El Doncel de don Enrique el Doliente*, también publicada en 1834, y un sinnúmero de **artículos** de diferente índole (costumbristas, políticos, literarios). Conocido bajo varios seudónimos como „El duende satírico" o „Fígaro", Larra se suicida con ni siquiera 28 años, a causa de un amor infeliz y desilusionado en vista de la situación política decepcionante de su patria. Muy famosa es una frase suya que describe esta situación en las primeras décadas del siglo XIX: „Aquí yace media España, murió de la otra media."[5]

Artículos

Ante este telón de fondo es fácil reconocer que el **tema principal** de los *Artículos* de Larra es **España**. Al igual que en las *Cartas marruecas* de Cadalso trasluce en ellos la **preocupación por España** y sus problemas, especialmente, „por la necesidad de la educación y la instrucción como bases para el progreso nacional".[6]

Larra, patriota

Basada en un profundo patriotismo, la crítica del periodista se dirige contra ciertos vicios de sus contemporáneos que impiden el progreso del país. Larra no ataca nunca a una persona determinada de una forma destructiva, sino que su intención es sensibilizar a sus lectores frente a defectos de la sociedad y abusos de la política. En *Dios nos asista*, el autor vitupera tanto a los carlistas como a los moderados; en *La vida de Madrid* el objetivo de su crítica es el señorito mimado; en *Los toros* lucha contra la barbarie de la corrida utilizando argumentos ilustrados del siglo XVIII. Los artículos más interesantes son, según Peguero, los primeros. En ellos, detalla, se ponen de relieve „esos defectos españoles que tanto lamentaba nuestro autor con un tono caricaturesco, mordaz y humorístico que no puede ocultar un fondo desolado y pesimista."[7]

Su papel histórico-literario

Retrato de Larra en Madrid

Así, en *Vuelva usted mañana*, Larra ataca la burocracia lenta de entonces y sus fatales consecuencias para el desarrollo de España. Aquí, como también en *En este país*, un artículo en el que el periodista critica la costumbre de muchos españoles de disculpar la propia incapacidad con frases hechas y superficiales como „¿Qué quiere usted?" o „¡Cosas de este país!", se muestra por una parte «nieto» de la Ilustración expresando su deseo de reformar, su amor al progreso y su desdén ante el medio saber, la pereza y tradiciones escolásticas; por otra parte se convierte en **precursor temprano** de la llamada **Generación del 98** preocupándose por el porvenir de España y exhortando a sus lectores a percibir y solucionar problemas.

■ La prosa del Realismo

Desarrollo

En la literatura realista se tratan, como ya hemos dicho, los problemas del individuo o de la sociedad en un mundo cotidiano. El género más apto para tal objetivo es la novela cuya supremacía se hace palpable en las últimas décadas del siglo XIX, aunque también hay representantes de un Realismo poético, como por ejemplo, **Ramón de Campoamor (1817–1901)** o **Gaspar Núñez de Arce (1843–1903)** que expresan en sus poemas aspectos de la realidad contemporánea de aquel entonces.

Etapas y autores

Influida, al principio, por los **modelos franceses** así como por las **novelas de entrega** del costumbrismo, se desarrolla en la segunda mitad del siglo XIX la narrativa realista y, más tarde, la novela naturalista. Por eso podemos hablar en una primera fase de un **Realismo costumbrista**, al cual pertenecen autores como el granadino **Pedro Antonio de Alarcón (1833–1891)**, el cántabro **José María de Pereda (1833–1906)** y también el cordobés **Juan Valera (1824–1905)**. Como punto de partida de esta corriente suele considerarse *La Gaviota* (1849), la novela más importante de **Cecilia Böhl de Faber**, más conocida bajo el seudónimo de **Fernán Caballero (1796–1877)**.

Realismo naturalista

En los años 70 del siglo XIX comienza la fase del **Realismo crítico** con la novela de tesis *Doña Perfecta* (1876) de **Benito Pérez Galdós (1843–1920)** y en las últimas dos décadas del siglo XIX predominan las novelas del **Realismo naturalista** de escritores como **Leopoldo Alas, «Clarín» (1852–1901)**, **Emilia Pardo Bazán (1851–1921)** o **Vicente Blasco Ibáñez (1867–1928)** cuyos conceptos de narrativa desembocan en la novela social.[8]

Autores y obras

Como el número de novelistas y obras, que forman parte de la narrativa realista, es bastante grande, tenemos que limitarnos en el marco de este capítulo a la presentación ejemplar de unos pocos autores y sus novelas clave. Esto vale especialmente para Galdós, cuya producción novelística es inmensa.

«Fernán Caballero»

Cecilia Böhl de Faber nace en Suiza y se cría en Alemania. Pasa la mayor parte de su vida en España, donde se casa tres veces y decide publicar sus libros bajo un **seudónimo masculino** para defender su propia intimidad y porque teme ser tachada de extranjera y no ser reconocida como escritora.

La Gaviota

En su obra principal, *La Gaviota*, concibe por un lado una **novela regional** que describe la vida, las localidades y las costumbres de Andalucía, pero por otro lado también esboza el **retrato de una mujer** de procedencia rural andaluza que busca la independencia y el éxito como cantante en Sevilla y Madrid.

Casada con un cirujano alemán quince años mayor que ella, Marisalada, llamada «la Gaviota» por su carácter vivaz y su bella voz, goza de fugaces triunfos como cantante de moda en la capital andaluza y en Madrid donde se enamora de un torero. Se entrega a las pasiones. Su marido traicionado emigra y muere en América, pero el torero muere también, matado por un toro. La Gaviota, sola y desesperada, vuelve a su provincia natal, Cádiz, donde se casa con el barbero Ramón Pérez al que siempre había despreciado.

A lo largo de toda la novela se nota el **contraste entre la vida rural**, a la cual se atribuyen todas las virtudes, y la **vida urbana**, relacionada con tentaciones, vicios y perversidades. Contrastes tales se encuentran en muchas novelas del Realismo costumbrista e implican frecuentemente el **dualismo de tradición y progreso**.

P. A. de Alarcón

El autor, oriundo de Guadix (Granada), logró escribir con *El sombrero de tres picos* (1874) uno de los libros españoles más conocidos mundialmente. Se trata de una **novela corta** sumamente graciosa en la que el Corregidor Don Eugenio de Zúñiga y Ponce de León fracasa completamente al tratar de «conquistar» a la «señá Frasquita», la mujer del molinero Lucas Fernández. Éste, desengañado y furioso a causa del supuesto adulterio, hace un plan para vengarse, pensando: „¡También la Corregidora es guapa!" –y fracasa también.

La narración, en la que se percibe en un nivel de lectura más profundo el tópico del **«menosprecio de corte y alabanza de aldea»** (el Corregidor, vicioso y decadente, viene de Madrid, mientras que su mujer Mercedes y Frasquita son de origen rural y simbolizan virtudes), representa, según Wolfzettel, la transformación de una tragedia en una comedia.[9]

Estructura

Efectivamente, la estructura de *El sombrero de tres picos*, corresponde perfectamente a la de una **comedia clásica**, con exposición, intensificación, culminación, declinación y desenlace.[10]

Comicidad

La comicidad resulta tanto de los **adulterios fracasados** de los dos protagonistas masculinos, o sea, de las **alusiones** a acontecimientos que en realidad no tienen lugar, como de la „Disproportion zwischen hohem Referenzniveau und niederer ländlicher Wirklichkeit".[11] En este contexto Alarcón persigue por un lado **objetivos sociales**, cuando establece paralelismos entre los «intentos de conquista» de representantes de diferentes capas sociales, por otro lado presenta a las mujeres en papeles emancipados.

Moraleja

La **intención moralizadora** del autor se manifiesta en la última escena cuando ya amanece (¡metáforas de luz!), porque ahora las dos mujeres leen a sus sendos maridos la cartilla. Así, la obra maestra de Alarcón cumple a la perfección con los postulados de «delectare et prodesse».

Contexto histórico

Aunque esta historia ágil entretiene al lector de una forma muy agradable, no deberíamos pasar por alto los ocho capítulos introductorios, cuyo carácter estático contrasta claramente con la anécdota dinámica a partir del capítulo 9. Como detalla Baquero Goyanes, estos capítulos forman el marco de la narración, con muchas alusiones temporales y espaciales, sutilmente desarrolladas, que permiten un entendimiento profundo de la **ideología** de Alarcón.[12]

La historia está situada intencionadamente **a principios del siglo XIX**, hacia el año 1805, cuando todavía no habían sucedido muchos acontecimientos históricos importantes que marcarían este siglo (v. «época histórica»). Alarcón escribe su novela justamente en la fase de la **transición a la Restauración**.

A principios de este siglo, cuando en casi toda **Europa** ya existe –debido también a la Revolución Francesa de 1789– una **movida política y social** hacia nuevos horizontes, **España sigue durmiendo** el sueño profundo de la Bella Durmiente, es decir, del Antiguo Régimen. Este sueño lo simboliza perfectamente el sombrero de tres picos del Corregidor.

La intención de Alarcón de concebir una introducción tal es bastante fácil de descifrar. Contrasta la política europea del otro lado de los Pirineos („tantas novedades y trastornos") con el idilio pueblerino de Andalucía, lejos de los grandes acontecimientos, donde una farsa tan banal como la del Corregidor puede desarrollarse tranquilamente.[13]

Dimensión grotesca

Mediante esta **discrepancia** entre un marco histórico importante fuera de España y una trama más bien secundaria los sucesos adquieren una dimensión grotesca. Además, Alarcón puede plasmar –con la distancia temporal de 70 años– el **retraso de España** durante aquella época, en la cual se vivía todavía „a la antigua española", ateniéndose a „rancias costumbres", cuando la Inquisición seguía siendo omnipresente y había tanto injusticias sociales como una jerarquía en la que dominaban el clero y la corona.

Benito Pérez Galdós

El novelista canario es uno de los escritores más fecundos de España de todos los tiempos. A principios de los años 60 del siglo XIX se traslada a Madrid donde pasa el resto de su vida. Durante muchos años fue **diputado**, tanto del partido liberal como del partido republicano. En su obra literaria se refleja su **ideología progresista** y su crítica de la sociedad tradicional y conservadora.

Obras

Entre su vasta producción literaria destacan, sin duda alguna, los *Episodios nacionales*, un ciclo de 46 novelas históricas, estructurado en cinco series, las novelas tempranas, llamadas también las **«novelas de la intolerancia»**: *Doña Perfecta* (1876), *Gloria* (1877) y *Marianela* (1878) así como las 24 **«novelas**

contemporáneas» de los años 80, un retrato detallado de la sociedad, a las cuales pertenece su supuesta obra maestra, *Fortunata y Jacinta* **(1887)**.

Como ya hemos mencionado, comienza con esta novela, escrita en 1876, la fase del **Realismo crítico. A primera vista**, se trata de **una historia de amor infeliz** entre Pepe Rey, un ingeniero madrileño que cree fervorosamente en el progreso, y Rosario, la hija de doña Perfecta, que vive en un pueblo de provincia imaginario, llamado Orbajosa, donde el atraso económico y la falta de vida intelectual son palpables a cada paso y en cualquier momento. En este ambiente desolado **el choque de las ideologías progresista y tradicional** es inevitable y Pepe Rey se ve expuesto a un conflicto insoluble.

Doña Perfecta

Convencido de la necesidad de un avance técnico hacia una España moderna, deja traslucir su superioridad intelectual y una actitud orgullosa frente a los habitantes de la provincia tradicional que contribuyen, parcialmente, a su perdición. La tragedia de los orbajosenses consiste en que se han aislado del resto del mundo, ya que piensan que sólo ellos conocen los verdaderos valores de la patria. La **mutua intolerancia** entre los respectivos representantes de las **dos Españas**, ideológicamente tan diferentes en la época de la Restauración, lleva a una auténtica catástrofe, es decir, a la muerte del protagonista masculino.

Las dos Españas

Galdós, como **partidario de una España liberal y moderna**, sabe perfectamente que los viejos mitos impiden que surja una nueva patria, porque ésta depende de muchas reformas e innovaciones, tanto en la economía e industria como en el culto religioso, la educación y la formación. Debido al final desastroso de la novela podemos concluir que el autor es **pesimista** y que, como da a entender Varey, „temía que España podía estar tomando un camino que iba a conducir inevitablemente a acentuar las diferencias y las disensiones, y a mantener los prejuicios más arraigados y los rencores, todo lo cual contenía la semilla de una inevitable contienda civil.“[14] Sumamente reveladora en este contexto de ideas es también una carta que Galdós escribió años más tarde sobre la situación de España a principios del siglo XX:

Actitud de Galdós

Azulejos con el retrato de Benito Pérez Galdós en Madrid

„[...] ya no hay en España provinciana capital que no sea más o menos Orbajoroído. Orbajosa encontrará usted en las aldeas, Orbajosa en las ciudades ricas y populosas. Orbajosa revive en las cabañas y en los dorados palacios... Todo es y todo será mañana Orbajosa, si Dios no se apiada de nosotros... que no se apiadará.“[15] Significativamente, Galdós indica como dirección de esta carta „Madrijosa“.

Natural de Zamora, **Leopoldo Alas** se considera a lo largo de su vida asturiano. Su seudónimo «Clarín» resulta de su trabajo como **periodista** en Madrid. Desde 1882 es **catedrático** en la Universidad de Oviedo.

L. Alas, «Clarín»

Su obra literaria se compone de **muchos artículos** sobre la literatura, especialmente sobre la teoría de la novela, **unos cuentos** y **novelas cortas** y unas pocas **novelas** a las cuales debe su fama como escritor, porque son de alta calidad. Hoy en día conocemos a «Clarín» sobre todo por su obra principal, la novela *La Regenta*, cuya publicación en **1884** (primer tomo) y **1885** (segundo tomo) causa cierto escándalo en el sector eclesiástico y la clase alta, sobre todo en Oviedo, debido a su crítica implícita.

Obra

Partiendo del retrato de la ciudad de provincias **Vetusta** (Oviedo), «Clarín» representa en su novela a la sociedad española de la Restauración. En un sinnúmero de episodios y ambientes está envuelta la trama principal: el **conflicto entre la sociedad** ovetense de finales del siglo XIX, ociosa, aburrida y provinciana, **y la protagonista Ana Ozores**, la esposa del Regente, que se siente asfixiada por el ambiente mediocre, por la envidia, la abulia y la ignorancia de los vecinos. Desilusionada por una vida sin amor, sin sexualidad y sin hijos, se dedica a **prácticas religiosas** y se siente atraída por el canónigo don Fermín, pero también por Álvaro Mesía, un donjuán atractivo con el cual, después de muchas vacilaciones, **comete adulterio**. Cuando su marido se entera del adulterio, desafía a Mesía para resta-

La Regenta

blecer su honra, pero muere en el duelo, mientras que éste huye ileso a Madrid. **Aislada de la sociedad**, Ana vuelve a las prácticas religiosas y busca alivio en la confesión, pero es rechazada. La novela termina con una escena nauseabunda: El sacristán Celedonio, perverso y asqueroso, encuentra a la Regenta desmayada y la besa. Ella se despierta del desmayo y se siente besada por un sapo. Su futuro es inseguro, triste y gris.

Metaliteratura

La escasa acción (para más de 700 páginas) deja suficiente espacio para los estudios psicológicos de los personajes y la crítica irónica a las capas sociales de Vetusta. Además se notan, a lo largo de la lectura, muchísimas **alusiones literarias**, tópicos de la literatura española e hilos conductores del pensamiento histórico. De forma ejemplar, podemos mencionar aquí el **motivo calderoniano de la honra** (el marido de Ana lee frecuentemente dramas de Calderón y quiere convertirse en «el médico de su honra» después del adulterio), el **motivo de don Juan** (conocido desde el siglo XVII y el drama de Tirso) o la actualización de este tema cuando la segunda parte de la novela empieza con el estreno de *Don Juan Tenorio* de **Zorrilla**, un elemento propedéutico con respecto al sino de la Regenta. Ella será la heroína trágica mientras que Álvaro huye como un don Juan ridículo a Madrid. La conclusión que podemos sacar de estas alusiones es, sobre todo, ésta: en la «España eterna» no ha cambiado nada, las diferencias entre 1630 y 1880, 250 años más tarde, son, según «Clarín», casi nulas –la tragedia personal de la Regenta es también la tragedia nacional de España.[16]

■ El teatro del Romanticismo

Tendencias

Calle dedicada a José Echegaray en Madrid

A lo largo de todo el siglo XIX se siguen estrenando en los teatros de las grandes ciudades comedias que solamente sirven para entretener a la burguesía, piezas adaptadas del Siglo de Oro y, sobre todo durante las primeras décadas, comedias que continúan las tendencias del Siglo de las Luces. Entre los dramaturgos de este tipo destacan **Bretón de los Herreros (1796–1873)** y **Ventura de la Vega (1807–1865)**.

En la segunda mitad del siglo, especialmente durante la Restauración, predomina el teatro burgués y realista. Dos dramaturgos muy populares de aquella época, hoy en día, sin embargo olvidados o menospreciados, son **López de Ayala (1828–1879)** y **José Echegaray (1833–1916)**, el **primer Nobel** de la literatura española.[17]

Las obras teatrales más interesantes del siglo XIX son las **piezas románticas**, escritas y estrenadas **en los años 30 y 40**, cuando, después de la muerte de Fernando VII, la censura permite más libertades que antes a los autores liberales.

> **Principales dramas**
>
> Los dramas románticos expresan el **choque del individuo** y sus ideales **con la realidad social** de su tiempo. Conocidos son, entre otros, *La conjuración de Venecia* (1834), de **Martínez de la Rosa (1787–1862)**, *Don Álvaro o La fuerza del sino* (1835), de **Ángel de Saavedra, Duque de Rivas (1791–1865)**, *El trovador* (1836), de **García Gutiérrez (1813–1884)** y *Los amantes de Teruel* (1837), de **Juan Eugenio de Hartzenbusch (1806–1880)**.

Zorrilla

El vallisoletano **José Zorrilla (1817–1893)** pasa su infancia en Madrid y empieza estudios de Derecho en Toledo y su ciudad natal, Valladolid. Sin embargo, pronto deja los estudios para dedicarse a la literatura, sobre todo a la **poesía** y al **teatro**. Sus piezas más exitosas son las tempranas. Después de una larga estancia en México (1855–1866) sus libros poéticos y su obra teatral tienen menos éxito, pero Zorrilla sigue escribiendo ininterrumpidamente. Sin lugar a dudas, su pieza teatral más famosa es *Don Juan Tenorio* (1844), basada en el drama barroco de Tirso de Molina, *El burlador de Sevilla* (1630), aunque hay algunas diferencias decisivas.

José Zorrilla. *Don Juan Tenorio*

En la **primera parte** el **protagonista** es, como
en la obra de Tirso, audaz, muy seguro de sí
mismo, arrogante, un **cínico conquistador de
mujeres**, con una diabólica atracción y bastante temerario. Todos estos rasgos se muestran
cuando Juan y Luis comparan los resultados de
una apuesta así como después, cuando Juan seduce a Ana, la novia de Luis, y secuestra a Inés
del convento.[18] El **amor de Inés**, sin embargo,
tiene una influencia fundamental en el **cambio
de su carácter**. Él mismo se da cuenta de esta
evolución y sospecha que Dios quiere salvarle

Calle dedicada a Zorrilla en Madrid

mediante Inés. Pero su salvación tardará todavía, como se ve al final de la primera
parte. Mata a Gonzalo y culpa a Dios de ser responsable de su reincidencia.

    Cinco años más tarde, en la segunda parte, vemos que su **amor por Inés**
está profundamente arraigado en su carácter. Aunque desafía a los muertos en el
cementerio ya no es el don Juan de los primeros actos. En sus palabras notamos
cierta amargura, melancolía y nostalgia a causa de la muerte de Inés. Lo que **busca** ahora es **paz, amor y felicidad**. A pesar de que vacila a veces, por ejemplo
cuando invita a cenar a la estatua de Gonzalo, **se ha arrepentido** de sus aventuras
anteriores. Al llegar el desenlace Juan ha cambiado definitivamente: pide a Dios
piedad y perdón y **es salvado por el amor de Inés** que ha unido la suerte de su
alma a la de Juan esperándole en el purgatorio.[19]

    Igual que en el *Burlador* hay también en el *Tenorio* un **seductor irresistible**
de mujeres que no respeta ni normas ni tabúes. Otros elementos que ambas obras
tienen en común son la impiedad del protagonista y el convidado de piedra. Más
importantes, sin embargo, son las **diferencias** entre las dos piezas teatrales. Desde
el punto de vista formal resaltan las dos partes con en total siete actos del *Tenorio*.
La segunda parte es necesaria para mostrar el cambio del carácter del **protagonista** cuyo papel es **más complejo** que el de la obra de Tirso, porque experimenta un
proceso de reconocimiento.[20]

    En la salvación se pone de manifiesto la **discrepancia ideológica** entre las dos
piezas teatrales. Por un lado tenemos el drama barroco de Tirso, impregnado de
pesimismo e intención moralizadora, por otro lado **una obra religioso-fantástica
del Romanticismo** en la cual el **amor** ocupa un lugar **central** y supera todas las
dificultades.

    En conclusión se puede decir que con respecto a la **construcción dramática**
la obra de Zorrilla aventaja al *Burlador* en el cual predominan escenas sueltas con
un don Juan que se arrepiente demasiado tarde. El don Juan de Zorrilla se salva,
porque se enamora de Inés que entrega su vida a Dios por él.

    Otra diferencia típica del Romanticismo estriba en el **papel de la mujer**. Aun-
que a primera vista el mismo de siempre, se ve que los sentimientos de Inés están
juzgados positivamente. El arrepentimiento de Juan y el amor de Inés son la base
de su liberación final.[21]

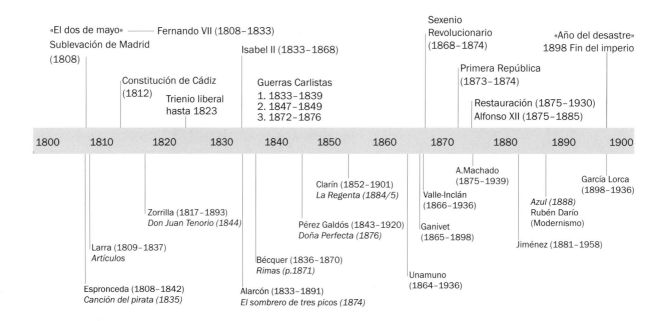

Para recordar:

◆ El siglo XIX, una época muy agitada y conflictiva para España, se caracteriza por cambios políticos, revoluciones y enfrentamientos bélicos dentro y fuera del país.

◆ El 2 de mayo de 1808 tiene lugar en Madrid la sublevación del pueblo contra los invasores franceses y empieza la llamada «Guerra de la Independencia» contra Francia.

◆ En Cádiz se promulga en 1812 la primera Constitución liberal de España.

◆ A lo largo del siglo XIX se hacen visibles las discrepancias entre los representantes de las «dos Españas», las fuerzas conservadoras y absolutistas por un lado y las fuerzas liberales por otro. Estas discrepancias se muestran también en las tres «Guerras Carlistas».

◆ En 1898 España pierde sus últimas colonias ultramarinas y así termina definitivamente la época colonial del país, llamada por muchos la «época de la frustración del Imperio».

◆ Las tres grandes corrientes literarias, el Romanticismo, el Realismo y el Naturalismo, son la expresión de las ideologías y mentalidades respectivas del siglo XIX.

◆ Dos poetas románticos sobresalientes son José de Espronceda y Gustavo Adolfo Bécquer. Éste último personifica también la superación del Romanticismo y es considerado el primer lírico contemporáneo de España.

◆ Entre los prosistas del Romanticismo destaca especialmente Mariano José de Larra, cuyos artículos satíricos reflejan su preocupación por el país. En él se ve un precursor temprano de la Generación del 98.

◆ Los grandes prosistas del Realismo son «Fernán Caballero», Pedro Antonio de Alarcón, «Clarín» y Benito Pérez Galdós. Sus obras nos dan impresiones detalladas de la realidad social de un país que oscila en la segunda mitad del siglo XIX entre tradición y modernidad.

◆ A lo largo del siglo XIX se escriben muchas piezas teatrales famosas, sobre todo durante la época del Romanticismo. La obra más conocida es, seguramente, *Don Juan Tenorio* de José Zorrilla, basada en el drama barroco de Tirso de Molina, *El burlador de Sevilla*.

📖 Para saber más:

◆ Bernecker, W. L.: *Sozialgeschichte Spaniens im 19. und 20. Jahrhundert. Vom Ancien Regime zur Parlamentarischen Monarchie*, Frankfurt/M. 1990.

◆ Carr, R.: *Spain 1808 – 1875*, Oxford 1982.

◆ García Templado, J.: *El teatro romántico*, Madrid 1991.

◆ Gies, D.: *The theatre in Nineteenth-Century Spain*, Cambridge 1994.

◆ López Casanova, A.: *La poesía romántica*, Madrid 1991.

◆ Matzat, W. (Hg.): *Peripherie und Dialogizität. Untersuchungen zum realistisch-naturalistischen Roman in Spanien*, Tübingen 1995.

◆ Romero Tobar, L.: *Panorama crítico del Romanticismo español*, Madrid 1994.

◆ Schmitz, S.: *Spanischer Naturalismus. Entwurf eines Epochenprofils im Kontext des ‚Krausopositivismo'*, Tübingen 2000.

◆ Stenzel, H.; Wolfzettel, F. (Hg.): *Estrategias narrativas y construcciones de una „realidad": Lecturas de las «Novelas contemporáneas» de Galdós y otras novelas de la época*, Las Palmas 2003.
◆ Zavala, I. M. (Hg.): *Romanticismo y Realismo,* Bände 5 und 5/1 von Rico, F. (Hg.): *Historia y crítica de la literatura española*, Barcelona 1982 und 1994.
◆ Amell, A.: *La preocupación por España en Larra*, Madrid 1990.
◆ Galán Font, E.; Ferreiro, C.: *Claves de 'Don Juan'. Tirso de Molina – José Zorrilla*, Madrid 1990.
◆ Marrast, R.: *José de Espronceda y su tiempo*, Barcelona 1989.
◆ Tournay, P.: *«La situación de Gustavo Adolfo Bécquer». Untersuchungen zur manieristischen Struktur der Rimas*, Bonn 1991.
◆ Wolfzettel, F.: *Der spanische Roman von der Aufklärung bis zur frühen Moderne*, Tübingen 1999.

■ Actividades

1. **¿Lo has entendido? Comprueba tus nuevos conocimientos adquiridos con este quiz.**

   1. ¿Dónde y cuándo se promulga la primera Constitución liberal de España?
      a. Madrid, 1808
      b. Cádiz, 1812
      c. Barcelona, 1833
      d. Bilbao, 1873

   2. ¿Cuál de las siguientes afirmaciones es falsa?
      El Romanticismo se caracteriza por
      a. la exaltación de lo racional
      b. la búsqueda de otra realidad
      c. una nueva concepción del yo
      d. la exaltación de la libertad

   3. El poema romántico más radical del siglo XIX español es
      a. *La flor «No me olvides»* de Juan Eugenio Hartzenbusch
      b. *Con once heridas mortales* de Ángel de Saavedra, Duque de Rivas
      c. *La canción del pirata* de José de Espronceda
      d. *La Rima X* de Gustavo Adolfo Bécquer

   4. El subgénero narrativo más popular del Romanticismo es
      a. el ensayo científico
      b. la novela corta
      c. el ensayo didáctico
      d. el artículo de costumbres

   5. ¿Quién escribió, al analizar la situación de España en el siglo XIX, la frase famosa que expresó de forma muy plástica su preocupación por el país: „Aquí yace media España, murió de la otra media."
      a. Mesonero Romanos
      b. Larra
      c. Zorrilla
      d. Pérez Galdós

   6. La novela corta *El sombrero de tres picos* de Pedro Antonio de Alarcón trata de
      a. una mujer de procedencia rural que busca la independencia en la capital española
      b. la mutua intolerancia de los representantes de las dos Españas
      c. la vida ociosa, aburrida y provinciana de una mujer asfixiada por el ambiente de una sociedad hipócrita
      d. dos adulterios fracasados en el ambiente rural de Andalucía

7. En *Doña Perfecta* (1876) de Pérez Galdós el tema principal es
    a. el amor entre dos jóvenes que supera todas las dificultades
    b. el choque de las ideologías progresista y tradicional en la España del siglo XIX
    c. la vida urbana de la época
    d. el éxito profesional de una mujer ambiciosa y emancipada

8. Una de las piezas teatrales más famosas del siglo XIX, *Don Juan Tenorio* (1844) de José Zorrilla, se basa en
    a. *El cerco de Numancia* de Cervantes
    b. *Fuente Ovejuna* de Lope de Vega
    c. *El médico de su honra* de Calderón de la Barca
    d. *El burlador de Sevilla* de Tirso de Molina

2. Texto. Caracteriza las etapas decisivas de la historia española a lo largo del siglo XIX.

3. Debate. Discutid el sentido de la frase famosa de Larra: „Aquí yace media España, murió de la otra media." en el contexto histórico-político de la época.

4. Proyecto. Comparad *Don Juan Tenorio* de Zorrilla con *El burlador de Sevilla* de Tirso en cuanto a los temas y motivos, la estructura, los personajes, espacio, tiempo y acción y el mensaje principal.

Fachada del Teatro Real en Madrid

5. El siglo XX

En este capítulo vamos a aprender:

◆ Las circunstancias histórico-políticas antes de la Guerra Civil, durante el franquismo y en el último cuarto del siglo, la época de la democracia
◆ Las corrientes literarias del fin de siglo: el Modernismo y la Generación del 98
◆ Juan Ramón Jiménez, las vanguardias y la Generación del 27
◆ El desarrollo de la lírica, de la narrativa y del teatro bajo Franco así como algunos representantes destacados (Hernández, Otero, Aub, Cela, Martín-Santos, Delibes, Buero Vallejo y Sastre)
◆ las tendencias literarias desde 1975 hasta principios del siglo XXI

■ Introducción

Después del **«desastre de 1898»** termina oficial y definitivamente la época colonial de España, cuatro siglos caracterizados en su mayor parte por la frustración de un imperio.

Época histórica

Mientras que en Europa las primeras décadas del siglo XX están marcadas por la revolución en Rusia (1917), fuertes crisis económicas y la Primera Guerra Mundial (1914–1918), en España continúa la **Restauración**, comenzada ya en el último cuarto del siglo anterior, con Alfonso XII y su hijo Alfonso XIII. Es un **tiempo de estancamiento** político, económico y social. El malestar, reforzado por gobiernos incapaces, desemboca en 1923, tras revueltas violentas y el golpe de Estado de **Miguel Primo de Rivera (1870–1930)**, apoyado por Alfonso XIII, en una dictadura (1923–1930).

Restauración

Monumento a García Lorca en Madrid

Después de la dictadura el rey sale, sin abdicación oficial, de España y se proclama la **Segunda República** (la Primera República era una fase muy breve de 1873 a 1874), que duraría aproximadamente ocho años. Se subdivide en los años **1931 a 1936** (tendencias anticlericales, reformas agrarias y militares fracasadas, protestas de los obreros) y el trienio de **1936 a 1939**, seguramente la etapa más triste de la historia española del siglo XX a causa de la **Guerra Civil**. Ésta estalla cuando unos meses después del triunfo del Frente Popular en las elecciones de 1936 el general **Francisco Franco (1892–1975)** inicia una insurrección militar que termina tres años después con la victoria de los fascistas y casi un millón de muertos, heridos y exiliados.

Los años de **posguerra** se caracterizan, en cuanto a la política exterior, por un **aislamiento político** del país, gobernado por un caudillo fascista todopoderoso y, con respecto a la situación interior, por **miseria, destrucción, hambrunas e intentos de reconstrucción**. Como pronto se hace evidente que la **autarquía fracasa**, Franco, un dictador pragmático y oportunista, admite unas **reformas** (Plan de Estabilización, 1957) cuando ve su posición amenazada por una fuerte crisis económica. Como **aliado** de los americanos **contra el comunismo**, logra cierto reconocimiento internacional en los años 50. Durante la década de los 60,

Época franquista

la **economía crece** rápidamente y, no en último término gracias al comienzo del **turismo de masas**, que aporta divisas y crea puestos de trabajo, España goza de un auge espectacular. En los años del **tardofranquismo**, se hace palpable la apertura del país hacia Europa, aunque la dictadura «sobrevive» hasta la muerte del Generalísimo en 1975.[1]

Democracia

En el último cuarto del siglo XX España se desarrolla más rápidamente que cualquier otro país europeo. En cuanto a la historia oficial hay varios **hitos** que no pueden ser pasados por alto. Ya en **1976**, sólo un año después de la muerte de Franco, tiene lugar un referéndum sobre un **proyecto de reformas** democráticas, y dos años más tarde, en **1978**, entra en vigor la nueva **Constitución**. La **transición a la democracia** se realiza sin interrupción, aunque está en peligro una vez tras el intento de un golpe de Estado (el «23-F» de 1981), impedido por el rey **Juan Carlos I**, quien ordena el mantenimiento del orden constitucional votado por el pueblo español.

Los años 80 y 90

A partir de **1982** España llega a ser el décimosexto miembro de la **OTAN**, y en **1986** se incorpora a la entonces **CE** (hoy **UE**). Esta **adhesión a la Europa moderna** es vital para el futuro del país. España está ahora plenamente integrada en el mundo democrático occidental. Siguen acontecimientos histórico-políticos y político-culturales de primera categoría como por ejemplo en **1992** (el «año español» a causa de los **Juegos Olímpicos** en Barcelona, la **Expo en Sevilla** con motivo del quinto centenario del descubrimiento de América y **Madrid como capital cultural de Europa**) que fomentan el papel de España y reflejan su reconocimiento mundial. Además, hay que mencionar los progresos económicos y sociales del país durante el gobierno de **Felipe González** de 1982 a 1996, y a pesar de algunos problemas que siguen sin solución (p. ej. el paro) la favorable situación política y económica hace posible el ingreso de España en el grupo de los países miembros de la UE que a partir de **1999** tienen una moneda única, el **euro**.

Actualidad

La evolución descrita simboliza de forma ejemplar el progreso rápido de España que continúa durante los gobiernos de **José María Aznar (1996–2004, PP)** y **José Luis Rodríguez Zapatero (desde 2004, PSOE)**. A principios del siglo XXI ya no es «diferente» –en el sentido negativo de la palabra– sino un país absolutamente «normal» con todas sus ventajas y desventajas.

Esto es válido también para sus habitantes que han vivido todos estos cambios y etapas en menos tiempo que otros pueblos después de la Segunda Guerra Mundial en Europa. Los españoles de hoy son tan modernos, emancipados e internacionales como los franceses, alemanes, holandeses o italianos. Por una parte han conservado su **identidad nacional y regional**, pero por otra son **ciudadanos europeos** como los vecinos de cualquier otro país de la Unión Europea.

■ La literatura del siglo XX

Problemas

En el siglo XX es cada vez más difícil definir épocas y corrientes literarias porque la **diversificación** de los **modelos literarios** es más grande que en los siglos anteriores, las **tendencias ideológicas** son frecuentemente contradictorias y las **categorías estéticas** muy diferentes. En general, se puede decir que la literatura española está determinada, especialmente durante las primeras décadas del siglo XX, por la oposición entre la **orientación en modelos extranjeros** (tanto europeos como hispanoamericanos) y la **reorientación en la tradición española**.

Seguramente, se pueden constatar **rupturas** con las normas y estructuras sociales del siglo XIX que encuentran su expresión en las vanguardias artísticas y literarias, sobre todo hasta los años 30. Estas vanguardias marcan el comienzo de la **contemporaneidad** artístico-literaria (Expresionismo, Cubismo, Surrealismo, etc.)

Vanguardias

Para estructurar la historia literaria desde finales del siglo XIX hasta hoy, a comienzos del siglo XXI, **fechas históricas y acontecimientos políticos** pueden ser muy útiles ya que demuestran, al mismo tiempo, la interdependencia entre la literatura y las circunstancias de la época. Al respecto, se suelen diferenciar **tres grandes períodos**:

Períodos

- ◆ la época de entreguerras (1898–1936),
- ◆ la época franquista (1936/39–1975) y
- ◆ la época de la libertad (1975–hoy).

■ 1898-1936

Estos dos términos, empleados en todas las historias de la literatura española, se refieren a movimientos literarios estrechamente relacionados que, aunque hay algunas diferencias, tienen en común, además de su **coincidencia temporal**, unos aspectos centrales: el **descontento** con todas las normas establecidas y tradiciones agotadas de las corrientes anteriores, una **actitud rebelde e inconformista** y la **búsqueda de tendencias de la modernidad literaria**.

Modernismo y Generación del 98

El Modernismo es un movimiento literario que comprende aproximadamente las tres décadas **entre 1888** (publicación de *Azul* de **Rubén Darío**) **y 1916** (muerte de Darío, *1867). Las escuelas literarias más importantes de aquel tiempo ejercen su influencia en él: el **simbolismo** (Baudelaire, Verlaine), el **parnasianismo** (Gautier) y el **prerrafaelismo** (Morris, Swinburne), entre otras.

Modernismo

Estas influencias se caracterizan por su universalismo. En verdad, el Modernismo no es un movimiento originariamente español sino más bien de **procedencia hispanoamericana**, lo que expresa cierta independencia cultural de las antiguas colonias de España. A partir de la llegada a España del nicaragüense Rubén Darío en 1892, el Modernismo encuentra también en la Península un eco considerable, aunque ya hay precursores de la corriente española como **Francisco Villaespesa (1877–1936)** y **Salvador Rueda (1857–1933)** en los cuales se realiza la transición del Postromanticismo al Modernismo.

Origen

Como características importantes podemos mencionar: un **carácter heterogéneo**, con tendencias opuestas, por ejemplo arte puro frente al arte comprometido, paganismo frente a cristianismo, sensualismo frente a la angustia metafísica; ansias de renovación y libertad en todas sus formas (temas, métrica, estilo, lenguaje, etc.), un **espíritu aristocratizante** y precioso que está estrechamente relacionado al cultivo del arte puro y a la finalidad preferentemente estética. A los modernistas les une una actitud cosmopolita y desarraigada. La búsqueda de un **mundo exótico** es para ellos una forma de evasión de la realidad prosaica del entorno cotidiano. En este contexto de ideas crean mediante la fuerza de la palabra un mundo a veces irreal, fantástico, idealizado, lleno de belleza. Sus versos se caracterizan por una **rica musicalidad** y una **métrica flexible**.

Características

Aún más que en la temática se muestra la ruptura del Modernismo con las tradiciones literarias anteriores en el lenguaje. Se nota en los poetas modernistas un **culto a la palabra** que se expresa en un vocabulario exquisito, exotismos, nombres mitológicos y una adjetivación llena de sugestiones. La evocación de sensaciones a través de sinestesias y metáforas plásticas juega un papel importantísimo igual que la **renovación formal** con metros poco frecuentes (como p. ej. el hexadecasílabo o el alejandrino).

Generación del 98

El gran tema de la Generación del 98, el «**problema de España**», es en realidad la prolongación del tema conflictivo de las dos Españas que surge en el siglo XVIII. Ya en el último cuarto del siglo XIX hay tendencias y fuerzas liberales que tratan de concentrar las energías en la **modernización del país**. Así, por ejemplo, la **Institución Libre de Enseñanza**, fundada en 1876 por **Francisco Giner de los Ríos (1839–1915)**, un filósofo krausista, tiene como lema principal el libre examen de todas las posiciones tradicionales y el **Regeneracionismo** de **Joaquín Costa (1846–1911)** quiere llevar a cabo reformas sin las cuales no se podría superar el feudalismo oligárquico ni liberarse del caciquismo que predomina en aquel entonces.

Los miembros más conocidos de la Generación del 98 son **Miguel de Unamuno** (1864–1936), **Ángel Ganivet** (1865–1898), **Ramón del Valle-Inclán** (1866–1936), **Ramiro de Maeztu** (1874–1936), **Pío Baroja** (1872–1956), **José Martínez Ruiz «Azorín»** (1873–1967) y **Antonio Machado** (1875–1939).

Todos los noventayochistas **se preocupan por el futuro de la nación española** y buscan soluciones a la crisis finisecular. Estas soluciones carecen frecuentemente de reflexiones socioeconómicas, son más bien el reflejo de su pensamiento filosófico-moral o histórico-político. Expresan sus preocupaciones preferentemente en forma de ensayos, pero también en piezas teatrales (Valle-Inclán) o poemas (Machado).

Ganivet, frecuentemente llamado «el precursor» de los hombres del 98, desarrolla con *Idearium español* **(1897)** la «biblia programática» del grupo. Para superar la fase de parálisis mental y decadencia material propone una **renovación interna de España**.

A diferencia de **Unamuno** („Tenemos que europeizarnos y chapuzarnos en pueblo.", *En torno al casticismo*, 1895) que pone de relieve la necesidad de «abrir las ventanas a los vientos europeos» Ganivet subraya la concentración de todas las energías en un movimiento nacional, lo que contiene el riesgo de aislar a España políticamente o implicar un patriotismo exagerado.

Monumento a Unamuno en Salamanca

Baroja también concentra sus ideas en torno a la redención del país en reflexiones políticas y morales. Basándose en la España tradicional, propone como única política beneficiosa „la absolutamente experimental", „antirromántica y positiva" (*Vieja España, patria nueva*, **1904**). Tampoco descarta la necesidad de un „buen tirano" para poder superar la crisis actual. Sin embargo, lo que no hace –siendo literato teórico– es desarrollar una estrategia que tenga como fin mejorar la situación económica de las masas. Sus ideas regeneracionistas serían más convincentes si ofreciera un sólido concepto económico en el que se fundamentasen sus pensamientos idealizados.

«Azorín» explica en *Lecturas españolas* **(1912)** la decadencia de España con numerosas guerras contra los rivales europeos para conseguir la hegemonía en Europa. Pero también una fuerte aversión hacia el trabajo, la emigración de zonas rurales y la falta de flexibilidad mental son, a su modo de ver, responsables de la decadencia mencionada. Azorín continúa la imagen unamuniana del estancamiento intelectual en una gerontocracia patriarcal. Según él, un pensamiento orientado hacia el progreso debería sustituir la anemia mental del viejo sistema. Martínez Ruiz está convencido de que sólo el afán de saber y el trabajo de investigación de miles de jóvenes podrán superar el estado actual de parálisis progresiva.

Valle-Inclán es uno de los autores de la Generación de fin de siglo que se ocupa de la forma más crítica del tema de España. El sistema político, marcado por oligarquía y caciquismo, corrupción y estancamiento económico así como la España decadente en general son los objetivos de su crítica tajante que encuentra la expresión más lograda en *Luces de bohemia* **(1920)**, una parodia grotesca de la tragedia tradicional en forma de una farsa, llamada **esperpento**.

El **sarcasmo** implícito, tan típico de Valle-Inclán, se hace palpable mediante el personaje tragicómico del poeta ciego Max Estrella. Su paseo por el Madrid contemporáneo en la última noche de su existencia miserable trasmite „una imagen monstruosa de la realidad española".[2] La crítica de Max que „España es una deformación grotesca de la civilización europea" (XII) resume de forma ejemplar la **actitud desilusionada** de Valle-Inclán, que trata el problema de España tanto a **nivel político** como a **nivel estético**. Aunque *Luces de bohemia* no contiene una moraleja «expressis verbis», es decir, el autor no hace propuestas para corregir las mencionadas „deformaciones" del pueblo español, sí tiene una dimensión moralizante. Exhibiendo los defectos, el pontevedrés provoca a sus lectores y a su público para que se despierten de su letargo y de su indiferencia. La **perspectiva** que elige para su esperpento, que debe forzar a la reflexión, es la del **demiurgo** («levantado en el aire») que mueve a sus muñecos y que percibe la realidad de modo deformado a causa de su **distanciamiento** y el recurso a la **caricatura**.

Monumento a Valle-Inclan (Madrid)

Como vemos, Valle-Inclán se sitúa en la historia del pensamiento español: Quevedo, Cadalso, Larra, Unamuno, Maeztu y otros escritores tratan en muchas ocasiones **el problema de la decadencia española** a partir del siglo XVII y las relaciones entre **España y Europa**. „Deformado" y „grotesco" son atributos del esperpento que a su vez reanuda una tradición literaria muy larga y rica de la literatura española que se remonta hasta el siglo XVI: la **parodia** y la **sátira grotesca** (*Don Quijote*, literatura picaresca, sainetes, etc.). La degradación llega incluso a lo **absurdo**, porque según Max: „Las imágenes más bellas en un espejo cóncavo son absurdas" (XII). Como siempre en el género grotesco se mezclan lo **cómico**, la **risa** y el **dolor**. La intención de Valle-Inclán en su esperpento es deformar sistemáticamente la realidad, reflejando así „toda la vida miserable de España".

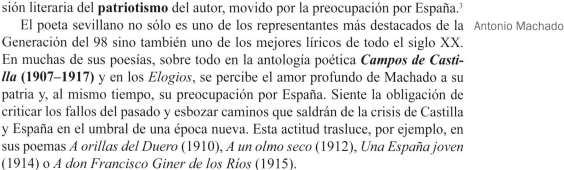

Así, *Luces de bohemia* es tanto **parodia cínica** de la literatura consagrada contemporánea (Valle-Inclán define mediante el esperpento su forma personal para superar el Modernismo) como expresión literaria del **patriotismo** del autor, movido por la preocupación por España.[3]

Placa conmemorativa a *Luces de bohemia* en Madrid

El poeta sevillano no sólo es uno de los representantes más destacados de la Generación del 98 sino también uno de los mejores líricos de todo el siglo XX. En muchas de sus poesías, sobre todo en la antología poética *Campos de Castilla* **(1907–1917)** y en los *Elogios*, se percibe el amor profundo de Machado a su patria y, al mismo tiempo, su preocupación por España. Siente la obligación de criticar los fallos del pasado y esbozar caminos que saldrán de la crisis de Castilla y España en el umbral de una época nueva. Esta actitud trasluce, por ejemplo, en sus poemas *A orillas del Duero* (1910), *A un olmo seco* (1912), *Una España joven* (1914) o *A don Francisco Giner de los Ríos* (1915).

El **premio Nobel** de Moguer (Huelva, **1881–1958**) es, sin duda alguna, uno de los autores españoles más difíciles de clasificar. A lo largo de su vida vive, relativamente aislado, en una **torre de marfil poética**. Ningún crítico literario podría describir más acertadamente su actitud frente a la lírica que Jiménez mismo, que dijo una vez de sí: «Yo tengo escondida en mi casa, por su gusto y el mío, a la Poesía, como a una mujer amada. Y nuestra relación es la de dos apasionados.»[4]

Su **trayectoria** poética abarca varias fases. En una primera etapa Jiménez todavía está influenciado por el simbolismo y el Modernismo, pero en la segunda década del siglo XX tiende a una poesía pura y, en búsqueda de la perfección, a la «poesía desnuda». A causa de su concepción literaria se convierte en el mentor de todo un grupo de poetas vanguardistas de los años 20 y 30.

Antolojía poética

Su desarrollo literario lo resume un metapoema que es, según Serra Martínez, „la mejor síntesis de su trayectoria poética",[5] como vemos a continuación:

Monumento a J. R. Jiménez en Moguer (Huelva)

Eternidades (1918)

Vino, primero pura,
vestida de inocencia;
y la amé como un niño.

Luego se fue vistiendo
5   de no sé qué ropajes;
y la fui odiando, sin saberlo.

Llegó a ser una reina,
fastuosa de tesoros...
¡Qué iracundia de yel y sin sentido!

10   ... Mas se fue desnudando.
Y yo le sonreía.

Se quedó con la túnica
de su inocencia antigua.
Creí de nuevo en ella.

15   Y se quitó la túnica,
y apareció desnuda toda...
¡Oh pasión de mi vida, poesía
desnuda, mía para siempre!

Platero y yo (1917)

A pesar de todos sus poemas famosos, la obra literaria más conocida de Jiménez, tanto en España como a nivel mundial, sigue siendo un **relato poético en prosa**, escrito entre 1907 y 1916 e influenciado por el Modernismo. En el centro del libro, compuesto por 138 textos sueltos, está la relación del poeta y su borriquito Platero. A lo largo de un año –desde la primavera hasta el invierno–, que simboliza la vida, el poeta habla con el animal y le comunica sus pensamientos, sentimientos y observaciones. El amo instruye a su burro, y así este libro, dirigido principalmente a los niños, se convierte en **pedagogía lírica con fines didácticos**. En medio de un entorno deprimente de la Restauración en España y la Primera Guerra Mundial en Europa, Jiménez concibe así –continuando la ideología del krausismo de Giner de los Ríos– el escenario de una mejor España. Como lo hace en la Andalucía marginada, el «andaluz universal» revaloriza la imagen de su patria y mezcla el pensamiento de la época con el individualismo regional.

Las vanguardias

Después de la Primera Guerra Mundial surgen, tanto en Europa como en España, algunos movimientos artísticos y literarios, llamados vanguardias, que rechazan las tradiciones anteriores y tratan de convertir el arte en una disciplina elitista apta para minorías (el futurismo, el cubismo, el surrealismo). Los orígenes de tal actitud se remontan en España al **novecentismo** que surge hacia 1910 con escritores intelectuales y filósofos que propagan sus ideologías en ensayos, artículos periodísticos o estudios (por ejemplo: **Eugenio d'Ors** (1881–1954) que se manifiesta contra la estética del siglo XIX o **José Ortega y Gasset** (1883–1955), que escribió con *La deshumanización del arte* (1925) una obra que sirvió de base programática para los poetas que iban a formar la llamada «Generación del 27»).

Gómez de la Serna

El escritor más representativo de las vanguardias españolas es probablemente **Ramón Gómez de la Serna (1888–1963)** que funda en 1915 una tertulia en el café de literatos más conocido de la época, el Café Pombo de Madrid. A él no sólo se deben novelas o ensayos y piezas teatrales, sino también tanto la introducción de las vanguardias europeas en España como un nuevo subgénero literario, la **greguería**. El mismo explica en un prólogo a una de las antologías que „nació aquel día de escepticismo y cansancio en que cogí todos los ingredientes de mi laboratorio, frasco por frasco, y los mezclé, surgiendo de su precipitado, depuración y disolución radical" y la define mediante la siguiente fórmula matemática: „**Humorismo + metáfora = greguería**".[6]

Greguerías

Ejemplos muy logrados de las en total más de 50.000 greguerías que Gómez de la Serna escribió a lo largo de su vida son: „El arco iris es la cinta que se pone la naturaleza después de haberse lavado la cabeza.", „El libro es el salvavidas de la soledad.", „Las burbujas son ojos que mueren al nacer.", „La araña es la zurcidora del aire." o „En el vinagre está todo el mal humor del vino."

Generación del 27

Al tratar de superar el Modernismo y modernizar la poesía española predominante se desarrolla, unido por su afán vanguardista, un grupo de poetas, denominado más tarde «Generación del 27», que trata de enlazar con la tradición lírica del Siglo de Oro por un lado y encontrar, por otro lado, una nueva estética y un lenguaje poético así como un estilo depurado. Debido a la alta calidad literaria de su poesía, se habla de la **Edad de Plata** de la lírica española.

Miembros

Se conoce por Generación del 27, llamada también «Generación de la amistad», un grupo de escritores cuya fase más creativa y productiva abarca aproximadamente los años veinte y la primera mitad de los años treinta, hasta la Guerra Civil. Entre ellos figuran, por ejemplo, **Rafael Alberti** (1902–1999), **Federico García Lorca** (1898–1936), **Jorge Guillén** (1893–1984), **Pedro Salinas** (1891–1951), **Dámaso Alonso** (1898–1990) y **Vicente Aleixandre** (1898–1984) que, de forma simbólica y representativa, recibió en 1977 el Premio Nobel de Literatura. Además podemos mencionar a Bergamín, Cernuda o Altolaguirre. La denominación del grupo se remonta al tercer centenario de la muerte de **Luis de Góngora**, en **1627**, cuya obra lírica suele ser considerada como modelo con respecto a los ideales estéticos.

Etapas

El primer período de su lírica durante los años veinte se caracteriza por la influencia de la vanguardia; en el primer plano se encuentra el anhelo de la **perfección formal** y un tratamiento clásico de la poesía en la tradición de dicho poeta barroco. Esta etapa de la «deshumanización», como la llama Ortega, se convierte, más tarde, en la de la «rehumanización» en la que domina la problemática humana, por ejemplo, con respecto a fenómenos ético-religiosos.[7]

García Lorca

El poeta más destacado de la Generación del 27 es Federico García Lorca. Su vida abarca exactamente el espacio temporal entre **1898** y **1936**. Fusilado pocos días después del comienzo de la Guerra Civil por seguidores franquistas, el republicano convencido se convierte pronto en un mito. Su calidad como poeta no se discute; hoy en día el *Romancero gitano* **(1928)** o *Poeta en Nueva York* **(1929/1930)** son clásicos de la literatura española y mundial.

Obra teatral

De su producción literaria, sin embargo, no sólo sus poemas gozan de gran prestigio, sino también sus piezas teatrales, profundamente innovadoras, como *Yerma* **(1934)** o *Bodas de sangre* **(1934)**. Su mejor obra teatral es la tragedia *La casa de Bernarda Alba* **(1936)** que refleja, al igual que las otras obras mencionadas, la realidad social de España y especialmente de Andalucía.

Bernarda Alba (1936)

La última obra teatral de Lorca contiene una fuerte dosis de **crítica social** en el ambiente histórico-político de la inminente Guerra Civil. Esta crítica se dirige por un lado contra los **prejuicios** imperantes entre las distintas clases sociales o actitudes y comportamientos frente a miembros de capas sociales inferiores y por otro lado contra la **situación tradicional de la mujer** en una sociedad en la cual normas morales basadas en el concepto de la honra juegan todavía un papel importante, aunque datan de siglos anteriores.

Analizando la manera en que la protagonista, Bernarda Alba, trata a sus criadas y su opinión acerca de los pobres, a los que considera „animales ... hechos de otras sustancias", encontramos ya la primera crítica contra las **circunstancias socio-morales**. La protesta contra la **falta de emancipación de la mujer y su opresión** social se manifiesta mediante las «posibilidades» que Lorca ofrece a las „mujeres en los pueblos de España" de los años 30. Pueden elegir una vida según el códice de honra obsoleto (Bernarda, Angustias) o aceptar el rol de ser objeto de los deseos sexuales masculinos como la prostituta del pueblo. Si se rebelan contra las normas establecidas fracasarán: la abuela María Josefa se vuelve loca y tiene que vivir encerrada en su celda; la rebelión de la hija menor de Bernarda, Adela, desemboca en el suicidio.

■ 1936–1975

Panorama literario

Durante y después de la **Guerra Civil** el panorama literario en España **cambia profundamente**. Muchos autores, cuya ideología republicana y actitud antifranquista hacen imposible su permanencia en España, parten hacia el **exilio**, donde siguen escribiendo y buscando su propio camino literario. Agrupaciones de escritores, como por ejemplo la Generación del 27, dejan de existir. El intercambio de ideas de los autores exiliados con los que se quedan es prácticamente imposible y la publicación de sus libros la impide la **censura**.

En el marco limitado de este capítulo vamos a concentrarnos en las corrientes literarias dentro de España. Veremos que muchos autores se oponen al régimen dictador y logran publicar sus obras –oscilando entre el posibilismo y el imposibilismo– a pesar de una rígida censura, porque saben articular su crítica y transmitir su mensaje muy hábilmente.

Lírica

El clima poético durante y después de la guerra se caracteriza por la existencia de dos agrupaciones de poetas diametralmente opuestas: los **garcilasistas** y los **desarraigados**.

Garcilasistas

El nombre de los garcilasistas se deriva de **Garcilaso de la Vega**, poeta soldado renacentista (1501–1536), cuyo cuarto centenario de la muerte en 1936 es tomado, por no decir, abusado como punto de referencia para establecer una relación entre la Guerra Civil y una poesía neoclasicista que apoya mediante una **estética fascista** al régimen franquista.

Empleando estrofas clásicas y versos tradicionales de cierta perfección formal, poetas como Urrutia, Rosales, Ridruejo e incluso Manuel Machado (1874–1947) idolatran a Francisco Franco, glorifican la guerra como divina, cantan a la España del Siglo de Oro o se inspiran en la Castilla de la Reconquista. El régimen del Generalísimo favorece este tipo de lírica propagandística porque coincide con su ideología.

Sus poemas reflejan que durante estos años de posguerra la España oficial trata de encontrar un perfil basado en la España imperial de los siglos anteriores al siglo XVIII. Está aislada, lejos de Europa, a su vez hundida en los desastres de la Segunda Guerra Mundial.

Desarraigados

Los llamados poetas desarraigados no se conforman con la política y la ideología de la dictadura. Son **poetas comprometidos** que pertenecían a la Generación del 27 y toman partido por la causa republicana. Sus representantes más famosos son el Nobel de literatura Vicente Aleixandre, Dámaso Alonso, cuya obra más conocida tiene el título significativo *Hijos de la ira* **(1944)**, y **Miguel Hernández (1910–1942)** que muere a los 31 años de tuberculosis en la cárcel. Su lírica es un grito apasionante contra la guerra y la miseria que tiene que padecer el pueblo español durante aquellos años. El poema elegido de *El hombre acecha* **(1939)** lo ejemplifica muy bien:

Pintada, no vacía:
pintada está mi casa
del color de las grandes
pasiones y desgracias.

5 Regresará del llanto
adonde fue llevada
con su desierta mesa,
con su ruinosa cama.

Florecerán los besos
10 sobre las almohadas.

Y en torno de los cuerpos
elevará la sábana
su intensa enredadera
nocturna, perfumada.

15 El odio se amortigua
detrás de la ventana.

Será la garra suave.

Dejadme la esperanza.

La poesía de los desarraigados vive su cumbre en los años 40 y se radicaliza Poesía social
en la década siguiente, convirtiéndose en poesía social. Los poetas que más enérgicamente tratan de animar a sus lectores a oponerse contra el régimen opresivo
son los vascos **Blas de Otero** (1916–1979) y **Gabriel Celaya** (1911–1991). Su
poema „La poesía es un arma cargada de futuro", de *Cantos iberos* **(1954)** llega
a ser el himno de los poetas sociales a los cuales duelen el aislamiento de España
de la Europa democrática y libre, las heridas de la guerra y la opresión durante la
dictadura. Obras como *Pido la paz y la palabra* **(1955)** o *Que trata de España*
(1964) de Otero ya anuncian en su título programático tanto el tema como el mensaje principal de las antologías.

La poesía social, agotada a partir de los años 60, es continuada por una corriente Años 60
poética que busca nuevos caminos estéticos. Sus protagonistas son **Jaime Gil de
Biedma** (1929–1990), **José Hierro** (1922–2002), **Ángel González** (1925–2008)
y otros. Superan las limitaciones de la poesía social, pero siguen ocupándose de
temas políticos, se oponen más o menos abiertamente a la dictadura y analizan el
tema de España desde una perspectiva sumamente crítica.

La novela de los años de preguerra no jugaba un papel tan sobresaliente como Prosa
la lírica. Esto cambia con el comienzo de la guerra y del régimen franquista, porque ahora parece ser el género literario más apto para describir los acontecimientos horribles de la guerra y las circunstancias deprimentes después de ella.

El primer novelista que se dedica a esta tarea es **Max Aub (1903–1972)**, hijo Max Aub
de madre alemana y padre francés que pasa su niñez y juventud en Valencia. Todavía antes de exiliarse al terminar la Guerra Civil empieza un ciclo de seis libros
que formarán el *Laberinto mágico*. En el primer tomo, *Campo cerrado* **(1939,**
publicado en el exilio en 1943), Aub se ocupa del intento desesperado del pueblo
español de evitar la guerra. Dentro de una red narrativa que abarca temas secundarios como las ideologías distintas, la alienación, la falta de comunicación y la
muerte, Aub pone de relieve que el pueblo español, el verdadero protagonista del
libro, se convierte en la víctima de la violencia, provocada por él mismo, se pierde
en un laberinto y ya no encuentra la salida del caos.

También en la obra temprana del **premio Nobel (1989)** Camilo José Cela Camilo José Cela
(1916–2002) la violencia es un tema primordial. *La familia de Pascual Duarte*
(1942) inicia una serie de novelas de los años cuarenta que se caracteriza por
una nueva estética. Salta a la vista desde el principio cierta brutalidad en la
presentación de la acción (aquí: situaciones violentas o asesinatos), así como
personajes al margen de la sociedad como protagonistas y un lenguaje agresivo,
directo, crudo.

Tales rasgos reflejan hasta cierto grado experiencias vividas y sufridas de los Tremendismo
autores durante la Guerra Civil. Su intención es provocar, a menudo seguir propó-
sitos repugnantes. Esta nueva corriente de la literatura narrativa ha sido llamada
«tremendismo» y sus obras más representativas son, aparte de ésta de Cela, *Nada*
(1945), de **Carmen Laforet** (1921–2004), y *Los Abel* **(1948)** de **Ana María Matute** (*1926). Cela mismo dice que obras de este tipo son la „sanguinaria caricatu-

ra de la realidad", es decir, enlaza su estética con la tradición satírico-grotesca de la literatura española, por ejemplo la picaresca, ante todo *Lazarillo de Tormes* y Quevedo, pero también con Baroja (*La lucha por la vida*, 1904) y los esperpentos de Valle-Inclán.

Novela social

El tremendismo y la novela existencial de los años 40 evolucionan, más tarde, hacia un realismo social y un nuevo concepto de la novela en la cual predominan ahora protagonistas colectivos de diferentes capas sociales en un marco temporal y espacial limitado. Este ciclo de obras lo abre **La colmena (1951)** de **Cela**, que se caracteriza por una fragmentación de la acción en secuencias breves que se desarrollan paralelamente y presentan, de forma simultánea, varias facetas de la vida en el Madrid de posguerra y a más de 300 personajes ante un telón de fondo social deprimente. Un argumento en sentido estricto de la palabra no existe y la presencia del autor se reduce al mínimo.

Debido al concepto narrativo descrito, *La colmena* marca el momento de **transición de la novela existencial a la novela social**. Al respecto detalla acertadamente Tusón que „por una parte, la obra nos deja esa impresión de desesperanza, esa angustiosa visión de la criatura humana, sin horizontes, que se aprecia en las novelas más representativas de los años 40, [...] por otra parte, la obra ha sido considerada como precursora de la novela social".[8]

Sánchez Ferlosio

Otro ejemplo conocido de la novela social es *El Jarama* (1956) de **Rafael Sánchez Ferlosio (*1927)**, que trata de las preocupaciones, frustraciones y los deseos de un grupo de jóvenes que no han vivido durante la Guerra Civil, pero que sufren bajo sus consecuencias como la censura franquista y problemas económicos. En el contexto de un mundo cotidiano y realista, la técnica narrativa de Sánchez Ferlosio se caracteriza por la objetividad y una descripción exacta de los personajes y sus acciones.

Los años 60

Para terminar el recorrido ejemplar por la narrativa de posguerra vamos a echar un vistazo sobre dos obras maestras de los años 60 que ejemplifican las tendencias de **renovación** de la novela, superando la novela social de la década anterior, y el deseo de algunos autores de experimentar para encontrar nuevas formas de novelar. Los dos prosistas destacados de esta época son **Luis Martín-Santos (1924–1964)** y **Miguel Delibes (*1920)** que concebieron con *Tiempo de silencio* (1962) y *Cinco horas con Mario* (1966) dos auténticos hitos de la narrativa moderna.

Tiempo de silencio

El **tema** de la novela es la declaración del fracaso profesional y privado del protagonista, el joven médico Pedro, en el ambiente de la realidad social deprimente en la España de posguerra (precisamente durante el otoño de 1949) o, según las palabras de Moral en un nivel más abstracto, la „denuncia de las estructuras sociales mediante un episodio personal".[9] Para ilustrar este fracaso, Martín-Santos se sirve de un modelo de la literatura clásica, la *Odisea* de Homero y, como observa Alfonso Rey, de *Ulysses* de James Joyce, novela a la que „está vinculada *Tiempo de silencio* en varios aspectos".[10]

Estructuras

Con respecto a la **estructura** de la novela hay que distinguir entre la estructura externa (cinco grupos de secuencias, sin título ni número, formando un total de 63) y la interna. La estructura interna corresponde (a pesar de varias digresiones y monólogos interiores) a la estructura clásica de exposición – intensificación – culminación – declinación – desenlace.

Reflexiones

Mediante las reflexiones de Pedro y sus experiencias el autor refleja tanto la situación de los círculos seudointelectuales de la **(alta) burguesía** como el mundo de la **clase media** y el deplorable estado del **subproletariado** en los barrios de las chabolas en las afueras de la capital española. Así, Martín-Santos dirige la atención de sus lectores hacia la deprimente situación social durante un espacio temporal que es –debido al aislamiento internacional de España, la censura y las represalias de la dictadura franquista– un verdadero „tiempo de silencio" como constata el protagonista al final de la novela. Desde este punto de vista, Martín-Santos continúa la tradición de la novela social de los años 50.

Por otro lado, sin embargo, esta novela amplía el marco de la crítica social Innovaciones de aquellas obras unidimensionales, sustituyendo el objetivismo por un **subjetivismo polifacético**. El verdadero «tiempo de silencio» para Pedro comienza después de la acción principal, cuando se hace preguntas existenciales sobre el sentido de la vida y reflexiona sobre la **soledad** y la **alienación** del hombre en la sociedad moderna.

En España, *Tiempo de silencio* se convierte así, como ya hemos dicho, en el **precursor** de nuevas tendencias de escribir. Varias García pone de relieve al respecto que „la influencia de *Tiempo de silencio*, que conllevaba la de la narrativa europea y norteamericana redescubierta (Proust, Kafka, Joyce, Faulkner)" fue tal „que enmudecieron autores como Juan García Hortelano [1928–1992], J. M. Caballero Bonald (*1926), Luis Goytisolo (*1935) y Carmen Martín Gaite [1925–2000], que no vuelven a publicar hasta la década de los setenta". [11]

Por eso la novela de Martín-Santos es considerada como el **prototipo** de la Novela experimental llamada novela experimental en la que elementos estructurales juegan un papel de suma importancia. A este subgénero pertenecen no sólo algunas novelas escritas por **Miguel Delibes** (*Cinco horas con Mario*, 1966; *Parábola del náufrago*, 1969) y **Juan Goytisolo (*1931)** (*Señas de identidad*, 1966; *Reivindicación del conde Julián*, 1970), sino también *Volverás a Región* (1967) de **Juan Benet (1927–1993)** o *La saga / fuga de J. B.* (1972) de **Gonzalo Torrente Ballester (1910–1999)**.

La mezcla de técnicas narrativas tradicionales (narrador omnisciente) y vanguar- Técnicas narrativas distas (fragmentación de la acción, ampliación de la cronología lineal, cambio de perspectivas, monólogo interior) así como una fuerte dosis de caricatura, ironía o sarcasmo en combinación con digresiones filosóficas y una dicción parcialmente barroca debido a una sintaxis extremadamente elaborada son sus rasgos más distintivos.

Cinco horas con Mario es otra novela que representa muy bien las nuevas Miguel Delibes tendencias narrativas de los años 60. El libro empieza con una esquela mortuoria de Mario Diez Collado, que murió el 24 de marzo de 1966 a los 49 años. Este comienzo poco frecuente presenta también a los principales personajes: su esposa María del Carmen Sotillo, sus cinco hijos y sus familiares.

La narración en sí abarca tres partes. La **primera parte** trata de los aconteci- Estructura mientos en el día de la muerte de Mario. Después de muchas visitas y pésames la viuda está cansada, pero a pesar de todo quiere pasar las últimas horas de la noche antes del entierro sola con su marido muerto. La segunda parte, la **parte central**, consta de en total 27 capítulos y contiene el **monólogo interior** de Carmen durante el velatorio, las «cinco horas con Mario». Estos capítulos empiezan, respectivamente, con citas de la Biblia, subrayadas por Mario, que Carmen lee y toma como punto de partida de sus pensamientos y reflexiones sobre los años que pasó con él, es decir desde la Guerra Civil hasta 1966. La **última parte** de la obra tiene una estructura semejante a la primera. Al amanecer, el hijo mayor, Mario, habla con su madre que está completamente agotada después del velatorio nocturno. Al final del libro, el cadáver del muerto es llevado a la iglesia.

Mientras que en novelas como *La colmena* o *El Jarama* hay protagonistas Mensaje colectivos, en la novela de Delibes predomina una **perspectiva individual**. El monólogo interior de Carmen, en realidad un diálogo con un muerto que participa en la conversación mediante las citas bíblicas subrayadas, es la expresión de las nuevas técnicas narrativas de la década de los 60. Se trata no sólo del protocolo del velatorio durante cinco horas, sino también del matrimonio de Carmen y Mario durante treinta años y pasa revista, de esta forma, a tres décadas del pasado español. Ambos cónyuges están descontentos con la realidad contemporánea. **Carmen** personifica una mujer típica del franquismo: conservadora, católica, madre de varios hijos, trabajadora y frustrada. **Mario**, ideológicamente más bien liberal y progresivo, representa a una España diferente, orientada hacia un futuro mejor. Así, Delibes reflexiona ante el telón de fondo de un matrimonio sobre las tensiones políticas, sociales, religiosas e ideológicas que existen en la España de los años 60 y aboga por un futuro mejor cuando el hijo mayor de Carmen le aconseja superar el pensamiento esquemático de las dos Españas del pasado.

Como es de suponer, la situación del teatro durante e inmediatamente después de la Guerra Civil es muy mala. Dramaturgos consagrados como Valle-Inclán o García Lorca ya no viven, otros se exiliaron, frecuentemente falta el dinero para poner en escena piezas teatrales y la censura impide el estreno de obras críticas. En los **teatros comerciales** se presentan comedias triviales o de costumbres, farsas y piezas humorísticas que sirven de entretenimiento y de evasión. Representantes de este tipo de teatro son, por ejemplo, **Juan Ignacio Luca de Tena** (1897–1975), **Jardiel Poncela** (1901–1952) o **Miguel Mihura** (1906–1977). El **teatro de los vencedores** abarca piezas propagandísticas de **José María Pemán** (1898–1981), **Luis Felipe Vivanco** (1907–1975) o **Agustín de Foxá** (1903–1959) en las cuales se glorifican los valores del catolicismo nacional y la ideología franquista.

Plaza dedicada a Jacinto Benavente en Madrid

El dramaturgo más popular, sin embargo, es el **premio Nobel (1922) Jacinto Benavente (1866–1954)** cuyo teatro burgués de principios del siglo sigue teniendo mucho éxito, porque se trata de piezas bien construidas cuya ironía, ligereza, sátira y diálogos llenos de ingenio y donaire gustan al público durante prácticamente medio siglo. Su fecundidad como dramaturgo es enorme. Publica a un ritmo muy rápido dos, tres o más piezas anuales. Su obra maestra ya data de principios del siglo, *Los intereses creados* **(1907)**.

Teatro (im)posible

A partir de los años 40 tardíos surge en España un teatro social y político, acompañado por una discusión sobre el «posibilismo» y el «imposibilismo» de las piezas teatrales. **Antonio Buero Vallejo (1916–2000),** el máximo representante del teatro social, es de la opinión que las piezas, a pesar de su crítica implícita, deben ser representables y propugna „la necesidad de un teatro difícil y resuelto a expresarse con la mayor holgura, pero que no sólo debe escribirse, sino estrenarse".[12] Su obra maestra, *Historia de una escalera (1949)* ejemplifica perfectamente esta tesis. **Alfonso Sastre (*1926),** conocido desde 1953 debido a *Escuadra hacia la muerte,* sin embargo, escribe teatro político radical y acepta el término «imposibilismo» sólo en cuanto al „teatro momentáneamente ‚imposibilitado'".[13] Como resultado de esta actitud, sus piezas no pueden estrenarse en España sino sólo en el extranjero.

A primera vista, *Historia de una escalera* empieza como un sainete con varios elementos costumbristas conocidos desde los tiempos de aquellas breves piezas teatrales de los siglos XVIII (Ramón de la Cruz) y XIX. El ambiente pequeñoburgués madrileño, el lenguaje popular, la presentación de personajes típicos (Fernando, gandul; Elvira, la niña mimada; Urbano, proletario, etc.) y las disputas triviales parecen dar a esta obra de Buero un tono de crítica burlesca de tipos y costumbres de la sociedad coetánea.[14] Sin embargo, esta impresión engaña, porque sólo a un nivel superficial se trata de una pieza teatral de evasión.[15]

En realidad, el ambiente costumbrista, las querellas (que en el sainete siempre encuentran un desenlace feliz) y los problemas cotidianos de los personajes ocultan el **carácter serio** de la obra, su **dimensión política** y su **simbolismo**. Se trata, como varios críticos literarios han advertido, de la «historia de una frustración»,[16] de una tragedia en el triste ambiente de posguerra español.

La historia de las familias que viven en el quinto piso de esta casa de inquilinos es la de una calle sin salida, la de un **círculo vicioso**. En el tercer acto dominan desengaño y pesimismo en los padres, en la generación de los hijos se repiten sueños y proyectos carentes de una base sólida.

Buero Vallejo elige esta mezcla de aparente **forma sainetesca** y **contenido trágico** bien escondido para pasar la censura y para formular, en el marco del mencionado «posibilismo», su mensaje político: el fracaso individual y la frustración colectiva de gran parte de la sociedad en la primera mitad del siglo XX en general y, especialmente, bajo la dictadura de Franco.

La consideración de la **distribución temporal** de los tres actos es fundamental para comprender la estructura y el mensaje de la obra. El primer acto tiene lugar en 1919, el segundo –„Han transcurrido diez años que no se notan en nada.“– en 1929, y el tercero –„Pasaron velozmente veinte años más. Es ya nuestra época.“– en 1949. Así la pieza no refleja una acción coherente o un desarrollo contínuo sino situaciones y momentos singulares como consecuencia de acciones anteriores.[17] Por eso la estructura temporal tiene una función de suma importancia en *Historia de una escalera*, ya que entre los actos y con anterioridad al primero hay acontecimientos decisivos para la vida de los inquilinos.[18] En la «pausa» de veinte años entre el segundo y el tercer acto tiene lugar la Guerra Civil de 1936 a 1939. Aunque este acontecimiento no se menciona explícitamente, los lectores y los espectadores pueden imaginarse que es la causa responsable del fracaso y de la frustración de los personajes.

1919–1929–1949

Los años sesenta del siglo XX están marcados por **debates ideológicos** a escala mundial, por enfrentamientos bélicos entre los representantes de las ideologías respectivas y, no en último término, por las consecuencias de la revolución cubana. En ***Crónicas romanas* (1968)** Sastre utiliza motivos históricos para reflexionar sobre estas polémicas políticas e ideológicas.

Alfonso Sastre

El drama contiene **dos núcleos temáticos**: la lucha de Viriato por la liberación de Lusitania (primera parte) y la destrucción de Numancia (segunda parte). Especialmente esta segunda parte muestra una marcada influencia literaria de la tragedia cervantina *El cerco de Numancia* (1583), ya que hay algunos pasajes que no sólo son similares sino hasta literalmente idénticos.[19]

Crónicas romanas

Crónicas romanas, „una obra para la lucha“, como subraya el autor en una noticia introductoria, se caracteriza por **dos objetivos** fáciles de comprender. San Miguel observa al respecto que se trata de pintura en blanco y negro porque Sastre no escribe teatro político para unos pocos intelectuales sino para el pueblo sencillo.[20]

Teatro político

La finalidad de la primera parte es tan obvia como la de la segunda: crear mitos. En los primeros cuadros es el **mito del guerrillero «Che» Guevara** que Sastre evoca mediante la historia ficticia de Viriato que lucha por la liberación de Lusitania. En la segunda parte el objetivo del autor consiste en la actualización del mito de una ciudad que se opuso hace más de dos mil años heroicamente al imperialismo romano: **Numancia**, símbolo de la resistencia hispana contra la dominación de un opresor foráneo.

Crear mitos

Ante el telón de fondo de los años sesenta estos mitos son medios para provocar tanto la reflexión como la reacción del público. Las *Crónicas romanas* son teatro popular sobre temas políticos y revolucionarios, a base de las discusiones ideológicas del momento. Sastre propaga en la pieza un mensaje de **libertad** que ambos objetivos arriba mencionados tienen en común: la defensa de uno de los principales **derechos humanos** – una vida pacífica y libre protegida por una sociedad en la cual derechos iguales y leyes justas para todos son un bien común.

Mensaje

■ Desde 1975 hasta hoy

Después de 1975, la **oferta literaria crece** ininterrumpidamente, hoy en día es inabarcable. Siguen escribiendo los autores consagrados (Cela, Delibes, Goytisolo, Gala, Torrente Ballester, etc.), vuelven algunos de los exiliados, hay nuevos subgéneros (p. ej. las novelas policíacas), temas (entre otros la sexualidad) y una multitud de escritoras y escritores jóvenes, todavía poco conocidos, que publican

Panorama

sus obras en editoriales pequeñas, es decir, más que nunca se puede hablar – con respecto a todos los géneros – de la coexistencia de **tendencias literarias** muy **variadas**.

En la Constitución de 1978 se reconoce, además, que hay, aparte del español (castellano), tres lenguas cooficiales (el gallego, el vasco y el catalán) habladas en las comunidades autónomas respectivas, es decir, se reconoce indirectamente que en España se escriben **obras literarias en cuatro lenguas**.

Con la **abolición de la censura** se respetan oficialmente los derechos del autor y se protege la libertad de los pensamientos. Sin embargo, hasta mediados de los años 80 predomina no sólo una política de consenso, que evita el análisis crítico del pasado para no poner en peligro a la joven democracia, sino que también en la literatura se nota todavía cierta **amnesia histórica**. Entre los primeros que rompen este silencio podemos mencionar a Sanchis Sinisterra (*¡Ay, Carmela!*, 1986) y Muñoz Molina (*Beatus ille*, 1986).

A causa de la falta de la distancia histórica resulta, naturalmente, difícil establecer ciertas etapas o juzgar el desarrollo de algún escritor joven. También hay que tener en cuenta que la **comercialización de la literatura** ha aumentado mucho y que la publicidad influye más que antes en las cifras de venta de un libro (al igual que los diversos **premios literarios**).

No en ultimo lugar, hoy en día la interdependencia entre el libro y el cine es más estrecha que por ejemplo en los años 50 y salta a la vista que muchos de los autores más leídos de los últimos años son **periodistas** (Montero, Umbral y, sobre todo, Pérez-Reverte).

Cualquier vista general de breve extensión corre el peligro de ser superficial, y seguramente es ilusorio querer describir detenidamente el panorama de la literatura española después de 1975 en unas pocas páginas, pero sí es posible mostrar las **corrientes más destacadas**.

Lírica

En la lírica se pueden distinguir **al menos cinco generaciones** de poetas, desde los supervivientes de la Generación del 27 (Alberti, Diego, Aleixandre, etc.) hasta los postnovísimos de los últimos años. En realidad, hay de todo, y si se leen las listas de autores (casi 300) y obras en el último tomo de la *Historia y crítica de la literatura española* (2000) de Rico o en el *Diccionario de literatura española e hispanoamericana* de Gullón la situación parece confusa a causa de su pluralidad.

Por un lado hay un lirismo reflexivo con meditaciones sobre el porqué de la existencia o las experiencias y preocupaciones personales, por otro se notan tendencias neorrománticas cuyos temas son la soledad, el amor, la religión o la melancolía y cuyo estilo es neobarroco con formas clásicas.

Junto a estas vertientes destacan las revitalizaciones del surrealismo, readaptaciones de la épica, la recuperación del realismo, conceptos de poesía pura e impura, poesía urbana, corrientes minimalistas, tendencias al tradicionalismo y, no en último término, poesía femenina.

A continuación he aquí algunos líricos representativos y sus obras.

Representantes

Uno de los poetas más destacados del grupo poético de los años 50 es **Ángel González (1925–2008)**, galardonado en 1985 con el premio «Príncipe de Asturias» y en 1995 con el «Premio Reina Sofía de Poesía».[21] Influido durante su juventud por la Guerra Civil y los tristes años de posguerra, la desolación y la desesperanza se convierten en constantes temáticas de su obra, así como la voluntad experimentalista. Su obra principal es ***Palabra sobre palabra***, publicada desde 1968 en varias ediciones ampliadas.

En los años 70 la lírica española cambia profundamente, y Debicki constata acertadamente que „esta poesía representaba el cambio más dramático en estilo y orientación desde, por lo menos, las vanguardias de los años veinte".[22]

Los **novísimos poetas españoles** [23], nacidos después de la Guerra Civil, se crían durante el tiempo de la «guerra fría» entre el Oeste y el Este, las protestas estudiantiles, la guerra de Vietnam y el tardofranquismo español. A este grupo en torno a poetas como **Carnero** (*1947), **Gimferrer** (*1945) o **Villena** (*1951), heterogéneo desde el punto de vista temático, lo une la búsqueda de nuevas formas poéticas. Esto vale también para **Antonio Colinas (*1946)** cuya oscilación entre una dimensión cosmopolita y una estética neorromántica se nota especialmente en sus antologías *Sepulcro en Tarquinia* (1975) y *Los silencios de fuego* (1992).

En los años 80, cuando España «regresa» definitivamente a Europa después de medio siglo de «camino especial», surgen nuevas temáticas y nuevos estilos líricos, sobre todo en el caso de los miembros de la llamada „segunda generación de los novísimos".[24] Durante esta penúltima década del siglo XX, la **poesía urbana** vive un auge notable, acompañado, estilísticamente, por tendencias hacia la lírica narrativa. Uno de los poetas más importantes de esta corriente es **Luis Alberto de Cuenca (*1950)**, conocido por obras líricas como *La caja de plata* (1985) o *El otro sueño* (1987).

Otros poetas de los últimos veinte años dignos de mención son **Luis García Montero (*1958)**, cuya poesía se caracteriza por muchas alusiones intertextuales, **Blanca Andreu (*1959)**, la representante más famosa de la lírica neosurrealista, y **Carlos Marzal (*1961)**, Premio Nacional de Poesía en 2002, que tiende a un lirismo reflexivo y a una poesía de la experiencia bajo el lema de la «poesía de silencio».

Con respecto a la narrativa posterior a 1975 se puede hablar de un verdadero «boom». La diversidad temática es tan grande como la de los subgéneros y la lista de autores es interminable. Entre los subgéneros más cultivados de las últimas tres décadas juegan un papel de primera categoría la **novela policíaca** (Vázquez Montalbán), la **novela histórica** (Mendoza, Muñoz Molina), la **novela erótica** (Almudena Grandes), la **novela intimista** (Marías, Millás), la nueva **novela experimental** (Marías, Guelbenzu) o el **relato corto** (Madrid, Atxaga, Rivas). Muchos de los autores son a la vez **periodistas** (Pérez-Reverte, Rosa Montero, Maruja Torres) que saben tratar temas actuales de una forma cautivadora en sus **reportajes novelados**. También ha aumentado el número de **autoras**, ante todo porque el papel de la mujer en la sociedad española ha cambiado. Aparte de las ya mencionadas escritoras destacan Soledad Puértolas, Lourdes Ortiz o Ana María Matute.

Además hay que constatar un auge en la narrativa no castellanohablante, es decir catalana, gallega o vasca, que refleja la variedad de culturas y tradiciones dentro del territorio nacional español. A esta temática se refiere por ejemplo **Juan Marsé** en su novela *El amante bilingüe* de 1990. Y la novela *El hijo del acordeonista* (2004, *Soinujolearen semea*, 2003) de **Bernardo Atxaga** trata de la opresión del vasco durante el franquismo cuando el euskera estaba en peligro de extinción.

Entre los muchísimos novelistas destacan, sin lugar a dudas, los siguientes: **Manuel Vázquez Montalbán (1939–2003)**, un autor que publica libros en casi todos los géneros, se ha hecho inmortal sobre todo gracias a toda una serie de **novelas policíacas** cuyo protagonista es el detective privado Pepe Carvalho. Desde *Tatuaje* (1974) hasta *El hombre de mi vida* (2000) y *Milenio Carvalho* (póstumamente, 2004) estas obras, aparte de ser novelas policíacas llenas de suspense, reflejan los cambios y desarrollos de la sociedad española contemporánea.

A partir de 1986 **Antonio Muñoz Molina (*1956)** publica casi anualmente novelas exigentes y recibe, también casi anualmente, premios literarios (Crítica, Planeta, Nacional de Literatura, Ícaro, etc.). Desde 1995 es miembro de la Real Academia Española. Las obras más logradas de Muñoz Molina son **novelas históricas**, (*Beatus ille*, 1986; *El jinete polaco*,1991; *Ardor guerrero*, 1995), que se dedican al pasado español durante la época franquista o, como *Sefarad* (2001), al destino de los judíos después de su expulsión de la Península Ibérica.

El hijo del filósofo Julián Marías, **Javier Marías (*1951)**, se ha convertido en uno de los escritores más exitosos de los últimos años debido a obras en las que sobresalen por un lado una prosa cuidadosamente elaborada y por otro complejas intrigas que sirven para analizar el mundo interior de los personajes. Sus novelas

Prosa

Representantes

Una librería madrileña al aire libre

más conocidas son *Todas las almas* (1989), *Corazón tan blanco* (1992), *Mañana en la batalla piensa en mí* (1994) y *Danza y sueño* (2004).

Una pionera en el mercado de la literatura, dominado hasta los años 80 por los escritores, es la periodista **Rosa Montero (*1951)** que escribe, desde su fundación en 1976, artículos para «El País». En novelas como *Crónica del desamor* (1979) o *Te trataré como una reina* (1983) analiza la situación de la mujer en la España actual; en *Amado amo* (1988) refleja las estructuras que caracterizan el mundo de los negocios. También la novela de aventuras *Historia del rey transparente* (2005), situada en el siglo XII, trata del papel de la mujer en el mundo dominado por hombres y de formas de protegerse contra la violencia, no sin alusiones a la realidad actual.

El novelista más leído de los últimos quince años es el periodista y reportero de guerra **Arturo Pérez-Reverte (*1951)**, cuyas obras narrativas son auténticos best sellers. Desde la publicación de *La tabla de Flandes* (1990) y *El club Dumas* (1993) ha vendido millones de libros, traducidos a muchas lenguas, en los cuales se mezclan elementos históricos, literarios, ficticios y policíacos para formar una compleja red de intrigas que encuentra soluciones sorprendentes. Otras novelas suyas muy exitosas son *La piel del tambor* (1995), *La carta esférica* (2000), el ciclo de *Las aventuras del capitán Alatriste* (1996–2003) y *Un día de cólera* (2007), sobre los acontecimientos en torno al 2 de mayo de 1808 y la «guerra de independencia» contra las tropas napoleónicas. Desde 2003 Pérez-Reverte es miembro de la Real Academia Española.

Teatro

En cuanto al teatro hay que constatar que la **situación** después de 1975 es muy **heterogénea**. Siguen estrenándose hasta hoy piezas teatrales del Siglo de Oro, aunque en menor medida que durante el franquismo. También se pueden ver obras «clásicas» del teatro serio del siglo XX, por ejemplo de dramaturgos como Buero Vallejo, Gala, Valle-Inclán o García Lorca.

Paralelamente a la decentralización del Estado español desde los años de la transición a la democracia se han desarrollado nuevas corrientes y tendencias. En Cataluña, por ejemplo, **grupos teatrales independientes** como Els Comediants, La Fura dels Baus o El Joglars, que ofrecen espectáculos provocadores, preferentemente en espacios abiertos, han tenido cada vez más éxito.

Representantes

En los años 80 surge la llamada **Generación neorrealista** que domina los escenarios en las últimas dos décadas del siglo XX. Las piezas de **José Sanchis Sinisterra** (*1940), **José Luis Alonso de Santos** (*1942) o **Concha Romero** (*1945) tratan **temas sociopolíticos** como el paro, la delincuencia juvenil, problemas de drogas o conflictos de identidad en la España de hoy.

Con motivo del **quinto centenario** del descubrimiento de América (1492–1992) se escriben piezas teatrales que someten los sucesos históricos, tantas veces glorificados en la literatura española, a una revisión crítica, así por ejemplo: *Yo, maldita india* (1990), de **Jerónimo López Mozo** (*1942) o *Trilogía americana* (1977–1991), de **Sanchis Sinisterra**.

Además hay, desde mediados de los años 80 del siglo XX, una corriente teatral cuyos temas centrales son la Guerra Civil, la época de posguerra y el **franquismo**. Dramaturgos consagrados como **Buero Vallejo** (*Misión al pueblo desierto*, 1999) o de nuevo **Sanchis Sinisterra** (*¡Ay, Carmela!*, 1986; *Terror y miseria en el primer franquismo*, 2002) se ocupan de esta temática, pero también autores jóvenes como **Yolanda Pallín** (*1965) o **José Ramón Fernández** (*1962) en piezas como *Las manos* (1999) o *Imagina* (2001).

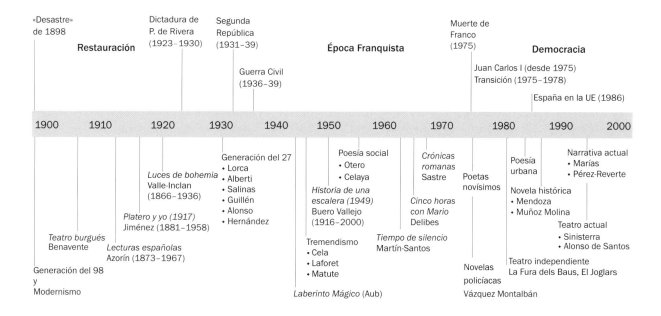

Para recordar:

◆ La Guerra Civil de 1936 a 1939 significa una profunda cesura en la historia española del siglo XX.

◆ Antes hay un tiempo de estancamiento político, económico y social durante la Restauración y la dictadura de Primo de Rivera. Tampoco durante la Segunda República se solucionan los problemas.

◆ Después de la Guerra Civil, España vive 36 años de dictadura bajo Franco. Al principio, el país está aislado, en los años 60 y 70 se abre cada vez más hacia Europa.

◆ A partir de 1975 se realiza rápidamente la transición a la democracia y España se incorpora completamente al moderno mundo occidental.

◆ Los acontecimientos históricos se reflejan mucho en la literatura del siglo XX español.

◆ Las corrientes literarias más importantes de las primeras décadas son el Modernismo, la Generación del 98 y la Generación poética del 27.

◆ Autores destacados son Unamuno, Valle-Inclán, Antonio Machado, Juan Ramón Jiménez y Federico García Lorca.

◆ La Guerra Civil significa una ruptura de las corrientes literarias predominantes. Muchos autores huyen al exilio, otros mueren o son asesinados.

◆ Durante el franquismo la censura es omnipresente; permite o impide la publicación de los libros.

◆ A pesar de ella se escriben obras críticas en todos los géneros. Autores sobresalientes son Miguel Hernández, Camilo José Cela, Luis Martín-Santos, Miguel Delibes o Antonio Buero Vallejo, que logran expresar hábilmente su actitud crítica frente al régimen franquista.

◆ Los años después de 1975 se caracterizan por nuevas tendencias literarias, una creciente comercialización de la literatura y una diversificación de los subgéneros poéticos, narrativos y teatrales.

◆ Los escritores más populares de la actualidad son novelistas y periodistas como Manuel Vázquez Montalbán, Antonio Muñoz Molina, Javier Marías o Arturo Pérez-Reverte.

◆ Un creciente número de escritoras exitosas (Rosa Montero, Almudena Grandes, Maruja Torres, etc.) documentan la emancipación lograda de la mujer en la sociedad española contemporánea.

📖 Para saber más:

- Collado Seidel, C. u. a.: *Spanien: Mitten in Europa. Zum Verständnis der spanischen Gesellschaft, Kultur und Identität*, Frankfurt / London 2002.
- Lindau, H. C.: *España y Europa. Spaniens Selbstverständnis zwischen den Kulturen im Spiegel der Geschichte*, Stuttgart 2006.
- Llera, L. de: *La modernización cultural de España 1898–1975*, Madrid 2000.
- Powell, C.: *España en democracia, 1975–2000*, Madrid 2001.
- Straub, E.: *Das spanische Jahrhundert*, München 2004.
- Bonet, J. M.: *Diccionario de las vanguardias en España (1907–1936)*, Madrid 1995.
- Debicki, A.: *Historia de la poesía española del siglo XX. Desde la modernidad hasta el presente*, Madrid 1997.
- Fritz, H.; Pörtl, K. (Hg.): *Teatro contemporáneo español posfranquista. Autores y tendencias*, Berlin 2002.
- Floeck, W.; Vilches de Frutos, F. (Hg.): *Teatro y sociedad en la España actual*, Frankfurt/Madrid 2004.
- Lindau, H. C.: *Die Generación del 98 im Spanischunterricht. Regeneracionismo, europeísmo, casticismo: Das Spanienproblem um die Jahrhundertwende in Essayistik und Lyrik*, Bonn 1997.
- Neuschäfer, H.-J.: *Adiós a la España eterna. La dialéctica de la censura. Novela, teatro y cine bajo el franquismo*, Barcelona 1994.
- Romera Castillo, J. (Hg.): *Tendencias escénicas al inicio del siglo XXI*, Madrid 2005.
- Vilanova, A.: *Novela y sociedad en la España de posguerra*, Barcelona 1995.
- Floeck, W.: „Das spanische Theater am Übergang vom 20. zum 21. Jahrhundert", in Bernecker, W. L. (Hg.): *Spanien heute. Politik, Wirtschaft, Kultur*, Frankfurt am Main 2008, S. 443–464.
- Haubrich, W.: „Spaniens literarischer Betrieb", in Bernecker, W. L. (Hg.): *Spanien heute. Politik, Wirtschaft, Kultur*, Frankfurt am Main 2008, S. 465–479.

■ Actividades

1. **¿Lo has entendido? Comprueba tus nuevos conocimientos adquiridos con este quiz.**

   1. La época franquista abarca casi cuarenta años. Tarda
      a. de 1898 a 1936
      b. de 1914 a 1953
      c. de 1936 a 1975
      d. de 1957 a 1994

   2. Los movimientos literarios más importantes a principios del siglo XX son
      a. el parnasianismo y el simbolismo
      b. el Modernismo y la Generación del 98
      c. la poesía pura y el teatro absurdo
      d. los desarraigados y los garcilasistas

   3. Los noventayochistas se preocupan
      a. por la renovación formal de la lírica
      b. por la reestructuración del teatro
      c. por el porvenir de la nación española
      d. por aspectos estéticos del arte de narrar

   4. En *Luces de bohemia* (1920) Valle-Inclán desarrolla
      a. una parodia grotesca de la tragedia tradicional en forma de una farsa, llamada esperpento
      b. la fórmula de la greguería
      c. un nuevo concepto teatral basado en la *Poética* de Luzán del siglo XVIII
      d. la teoría de la nivola, un subgénero de la novela

   5. La creación literaria más famosa del premio Nobel Juan Ramón Jiménez es
      a. el caballo Rocinante
      b. el borriquito Platero
      c. Max Estrella, un poeta ciego
      d. la alcahueta Celestina

6. ¿Qué es una greguería?
   a. antítesis + quiasmo
   b. caricatura + paralelismo
   c. anáfora + epanadiplosis
   d. humorismo + metáfora

7. En sus obras teatrales García Lorca critica en varias ocasiones
   a. el papel del señorito mimado
   b. la falta de enseñanza de los niños en zonas rurales
   c. la situación tradicional de la mujer y su opresión social
   d. la situación de los jubilados en el mundo moderno

8. La poesía de Miguel Hernández es
   a. la glorificación del caudillo Francisco Franco
   b. el intento de aislarse en una torre de marfil poética
   c. un grito apasionante contra la guerra y la miseria del pueblo español en aquella época
   d. la parodia cínica de la lírica consagrada contemporánea

9. La fragmentación de la acción en secuencias breves que se desarrollan simultáneamente es el rasgo más característico de
   a. *La colmena* de Cela
   b. *El laberinto mágico* de Aub
   c. *Tiempo de silencio* de Martín-Santos
   d. *Cinco horas con Mario* de Delibes

10. En *Cinco horas con Mario* (1966) Delibes
    a. desarrolla un monólogo interior de una viuda durante el velatorio que refleja, en realidad, las tres décadas del franquismo desde la Guerra Civil
    b. reflexiona tanto sobre la situación de los seudointelectuales de la alta burguesía como sobre el mundo de la clase media y del subproletariado
    c. trata las preocupaciones, frustraciones y los deseos de un grupo de jóvenes que sufren bajo las consecuencias de la Guerra Civil
    d. describe situaciones violentas y experiencias vividas de un matrimonio español en el exilio después de 1939

11. Los dramaturgos más conocidos del teatro de posguerra, representantes del «posibilismo» y del «imposibilismo», respectivamente, son
    a. Luca de Tena y Poncela
    b. Mihura y Foxá
    c. Buero Vallejo y Sastre
    d. Benavente y Vivanco

12. ¿Cómo se llama el famoso detective privado, protagonista en muchas novelas policíacas de Manuel Vázquez Montalbán?
    a. Paco Rodríguez
    b. Pepe Carvalho
    c. Nacho Gómez
    d. Juanjo Moreno

13. El novelista más leído de las últimas dos décadas es
    a. el hijo del filósofo Julián Marías, Javier Marías
    b. el periodista y reportero de guerra Arturo Pérez-Reverte
    c. el vasco Bernardo Atxaga
    d. Juan Marsé, gracias a su novela *El amante bilingüe* (1990)

14. ¿Qué ofrecen grupos teatrales independientes como Els Comediants o La Fura del Baus?
    a. teatro clásico en el corral de comedias de Almagro
    b. sainetes y zarzuelas al aire libre
    c. esperpentos de Valle-Inclán y bailes tradicionales
    d. espectáculos provocadores en espacios abiertos

2. Texto. Compara el Modernismo y la Generación del 98, destacando los rasgos comunes y las diferencias de los dos movimientos literarios.

3. Debate. Discutid sobre el «posibilismo» y el «imposibilismo» del teatro de Buero Vallejo y Sastre. Encontrad argumentos a favor y en contra de las dos actitudes.

4. Proyecto. Leed una selección de las *Greguerías* de Ramón Gómez de la Serna y tratad de inventar otras, partiendo de la realidad cotidiana.

Monumento a Antonio Machado delante de la Biblioteca Nacional en Madrid

6. Notas

■ Capítulo 1

1 Lázaro Carreter, F.; Tusón, V.: „La épica española y el *Cantar de Mio Cid*", in dies.: *Literatura española*, 3, Madrid 1995, S. 19.

2 Vossler, K.: „Carta española a Hugo von Hofmannsthal", zitiert nach Alborg, J. L.: *Historia de la literatura española*, 1, Madrid 1979, S. 70.

3 Während die Existenz von Rodrigo Díaz und viele historische Ereignisse genau datiert werden können, variieren die Meinungen der einschlägigen Forschung zur Abfassung des Werkes ganz erheblich; die Mehrzahl der Kritiker vermutet, im Gegensatz zu Menéndez Pidal, das Jahr 1207 als Entstehungsjahr des Manuskriptes.

4 Vgl. Lázaro Carreter, F., a.a.O., S. 22.

5 Vgl. Rubio, M. (Hg.): *Imago. Literatura española y universal*, Madrid 1999, S. 17.

6 Menéndez Pidal, R.: *La epopeya castellana a través de la literatura española*, Madrid 1974, S. 90.

7 Vgl. Tietz, M.: „Die Lyrik des 15. Jahrhunderts zwischen späthöfischer Tradition und Neuanfang", in: Neuschäfer, H.–J.: (Hg.): *Spanische Literaturgeschichte*, Stuttgart 2001, S. 61.

8 Huerta Calvo spricht in diesem Zusammenhang von „una nueva concepción del ser humano caracterizada por la afirmación de su individualidad y libertad personal frente al cerrado mundo medieval", in ders. u. Alonso Martín, E.: *Literatura española. BUP 3*, Madrid 1989, S. 63.

9 Vgl. ders., a.a.O., S. 59.

10 Quiñonero, J.: *Literatura castellana (de la Edad Media al siglo XIX)*, Madrid 1998, S. 92–93.

11 Domínguez de Paz, E.: *Comentario de la Obra*, Barcelona 1990, S. 50–51.

12 Fernández Campos, A., u. a.: *Jerigonza 4, La comunicación literaria: de la Edad Media al siglo XX*, Barcelona 1998, S. 64.

■ Capítulo 2

Renacimiento

1 Vgl. zu den konstitutiven Merkmalen der Ekloge: Estébanez Calderón, D.: *Diccionario de términos literarios*, Madrid 1996, S. 306.

2 Vgl. Horaz: *Sämtliche Werke*, München 1957, S. 226–230: „Epodon Liber".

3 Vgl. Onieva, J. L.: *Comentario de textos literarios para la E.S.O.*, Madrid 1996, S. 109.

4 Vgl. diesbezügl. Gumbrecht, H. U.: ‚Eine' *Geschichte der spanischen Literatur*, Frankfurt/M. 1990, Band 1, S. 244ff.: „Spanien in drei Welten und Zeiten", bes. S. 251f.

5 Vgl. Mario Hernández in seinem Vorwort zu den von ihm 1985 edierten *Cartas de relación* von Hernán Cortés, S. 9. (Crónicas de América, 10, Madrid 1985).

6 Vgl. in diesem Zusammenhang besonders: Gerbi, A.: *La disputa del nuevo mundo. Historia de una polémica*, Mexiko 1960; Losada, A.: „The Controversy between Sepúlveda and Las Casas in the Junta of Valladolid", in: Friede / Keen (Hg.): *Las Casas in History*, Illinois 1971, S. 279–306; Straub, E.: *Das Bellum Iustum des Hernán Cortés in Mexico*, Köln / Wien 1976, bes. Kap. II: „Zur Theorie des gerechten Krieges gegen die Heiden", S. 30–46.

7 Vgl. Bennassar, B.; Vincent, B.: *Spanien. 16. und 17. Jahrhundert*, Stuttgart 1999.

8 Alborg, J. L.: *Historia de la literatura española*, Band I, Madrid 1979, S. 467.

9 Neuschäfer, H.-J. (Hg.): *Spanische Literaturgeschichte*, Stuttgart 2001, S. 126.

10 Pérez-Rasilla Bayo, E.; Joya Torres, J. M.: *Obras clave de la narrativa española*, Madrid 1990, S. 49.

11 Vgl. Avalle-Arce, J. B.: „Amadís, el héroe", in: Rico, F. (Hg.): *Historia y crítica de la literatura española, 1/1: Edad Media, primer suplemento*, Barcelona 1991, S. 299ff.

12 Pérez-Rasilla Bayo, E.; Joya Torres, J. M., a.a.O., S. 49.

13 Valdés, J. de: *Diálogo de la lengua*, Bruguera, Barcelona 1972, S. 204.

14 Cervantes, M. de: *Don Quijote de la Mancha*, I, (1605), cap. VI: „Del donoso y grande escrutinio que el cura y el barbero hicieron en la librería de nuestro ingenioso hidalgo", Cátedra, 100, Madrid 1977, S. 118.

15 Vgl. Gier, A.: „Garci Rodríguez de Montalvo. Los quatro libros del virtuoso cavallero Amadís de Gaula", in Roloff, V.; Wentzlaff-Eggebert, H. (Hg.): *Der spanische Roman. Vom Mittelalter bis zur Gegenwart*, Stuttgart 1995, S. 11–29, bes. S. 25–26.

16 Vgl. Tietz, M.: „Das Theater im Siglo de Oro", in Neuschäfer, H. -J. (Hg.): *Spanische Literaturgeschichte*, Stuttgart 2001, S. 154 und Alborg, J. L.: *Historia de la literatura española*, Band I, Madrid 1979, S. 668.

17 Romera-Navarro, M.: „Estudio de la ,Comedia Himenea' de Torres Naharro", in: *Romanic Review*, 12, (1921), S. 50–73, S. 50f.

18 Romera-Navarro, M., a.a.O., S. 55.

19 Valbuena Prat, Á.: *Historia de la literatura española*, Bd. II, Barcelona 1963, S. 20; Casalduero, J.: *Sentido y forma del teatro de Cervantes*, Madrid 1966, S. 21; Zimic, S.: *El teatro de Cervantes*, Madrid 1992, S. 57f.

20 Estébanez Calderón, D.: *Diccionario de términos literarios*, Madrid 1996, S. 1047b–1050a.

21 Ders., a.a.O., S. 1049b.

Barroco

1 Tusón, V.; Lázaro, F.: *Bachillerato. Literatura Española 3*, Madrid 1995, S. 131.

2 Rico, F. (Hg.): *Mil años de poesía española. Antología comentada*, Barcelona 1998, S. 416.

3 Vgl. die Studie von R. Hess zum „Soneto a Cristo crucificado", in Tietz, M. (Hg.): *Die spanische Lyrik von den Anfängen bis 1870*, Frankfurt/M. 1997, S. 377–392.

4 Lázaro, F.; Tusón, V.: *Bachillerato. Literatura Española 2*, Madrid 1995, S. 105.

5 Vgl. Huerta Calvo, J.; Alonso Martín, A.: *Literatura española. BUP 3*, Madrid 1989, S. 126.

6 Vgl. Barroso Gil, A., u. a.: *Introducción a la literatura española a través de los textos*, Bd. II, Madrid 1981, S. 375.

7 Neuschäfer, H. -J. (Hg.): *Spanische Literaturgeschichte*, Stuttgart 2001, S. 145, im Rahmen des Kapitels „Cervantes und der Roman des Siglo de Oro".

8 Vgl. Bihler, H.: „Miguel de Cervantes Saavedra. El Ingenioso Hidalgo Don Quijote de la Mancha", in Roloff, V.; Wentzlaff-Eggebert, H. (Hg.): *Der spanische Roman vom Mittelalter bis zur Gegenwart*, Stuttgart 1995, S. 100.

9 Pérez-Rasilla Bayo, E.; Joya Torres, J. M.: *Obras clave de la narrativa española*, Madrid 1990, S. 82.

10 Vgl. Huerta Calvo, J., a.a.O., S. 127.

11 Baader, H.: „Nachwort zu ,Guzmán de Alfarache'", in ders. (Hg.): *Spanische Schelmenromane*, München 1965, S. 590.

12 Vgl. San Miguel, Á.: „Mateo Alemán – ,Guzmán de Alfarache'", in Roloff, V.; Wentzlaff-Eggebert, H. (Hg.): *Der spanische Roman vom Mittelalter bis zur Gegenwart*, Stuttgart 1995, S. 63–85, S. 66.

13 Ders., a.a.O., S. 83.

14 Ders., a.a.O., S. 77.

15 Lope de Vega, F.: *Arte nuevo de hacer comedias*, (1609), Col. Austral, 842, Madrid 1973, S. 15.

16 Estébanez Calderón, D.: *Diccionario de términos literarios*, Madrid 1996, S. 480b.

17 Lope de Vega, a.a.O., S. 12.

18 Ders., a.a.O., S. 15.

19 Ferreiro Villanueva, I.: *Claves de ,Fuente Ovejuna'*, Madrid 1990, S. 88.

20 Briesemeister, D.: „José Zorrilla: Don Juan Tenorio", in Roloff, V.; Wentzlaff-Eggebert, H. (Hg.): *Das spanische Theater vom Mittelalter bis zur Gegenwart*, Düsseldorf 1988, S. 262.

21 Díez Taboada, J. Mª.: „Das spanische Theater des 19. Jahrhunderts", in Pörtl, K. (Hg.): *Das spanische Theater. Von den Anfängen bis zum Ausgang des 19. Jahrhunderts*, Darmstadt 1985.

■ Capítulo 3

1 Galeano, E.: *Memoria del fuego*, Band 1: *Los nacimientos*, Mexiko 1982, S. 320.

2 Fusi, J. P.: *España. La evolución de la identidad nacional*, Madrid 2000, S. 90.

3 Serrailh, J.: „La fe en la cultura y los frutos de la Ilustración", in Caso González, J. M. (Hg.): *Ilustración y Neoclasicismo*, Band 4 von Rico, F. (Hg.): *Historia y Crítica de la Literatura Española*, Barcelona 1983, S. 66.

4 Gullón, R. (coord.): *Diccionario de literatura española e hispanoamericana*, Madrid 1993, Band 1, S. 1009.

5 Vgl. Stenzel, H.: *Einführung in die spanische Literaturwissenschaft*, Stuttgart 2005, S. 159.

6 Vgl. Moir, D. W.: „Spanisches Theater im 18. Jahrhundert", in Pörtl, K. (Hg.): *Das spanische Theater von den*

Anfängen bis zum Ausgang des 19. Jahrhunderts, Darmstadt 1985, S. 375. Vgl. auch Tietz, M.: „Neue Form und alte Inhalte: Huertas ‚Raquel'", in Strosetzki, C. (Hg.): *Geschichte der spanischen Literatur*, Tübingen 1991, S. 274 und Schütz, J.: „Das neoklassizistische Drama: Nicolás Fernández de Moratín, Jovellanos und der Sonderfall García de la Huerta", in Neuschäfer, H.-J. (Hg.): *Spanische Literaturgeschichte*, Stuttgart 2001, S. 204.

7 Vgl. Pietschmann, H.: „Die Reformpolitik des aufgeklärten Absolutismus", in Bernecker, W. L.; Pietschmann, H.: *Geschichte Spaniens*, Stuttgart / Berlin / Köln 1993, S. 159–178, bes. S. 172f.

8 Vgl. Schütz, J., a.a.O., S. 204 und Tietz, M., a.a.O., S. 274.

9 Vgl. Moir, D. W., a.a.O., S. 376.

10 Vgl. hierzu Fuentes Rojo, A., der die literarische und motivgeschichtliche Entwicklung des Stoffes skizziert und in diesem Zusammenhang neben Lope de Vegas *Las paces de los reyes y judía de Toledo* (1616) und dem Versepos *Alfonso octavo detenido en Toledo por los amores de hermosa o Raquel hebrea* (1650) von Luis de Ulloa Pereira Juan Bautista Diamantes *La judía de Toledo* (1667) nennt. (*Hauptwerke der spanischen und portugiesischen Literatur*, Kindlers Neues Literatur Lexikon, München 1995, S. 249) Moir verweist zudem auf spätere Bearbeitungen durch Grillparzer: *Die Jüdin von Toledo*, 1872 und Lion Feuchtwangers *Spanische Ballade*, a.a.O., S. 373.

11 Vgl. Schütz, J., a.a.O., S. 204.

12 Dowling, J.: „Moratín's «La comedia nueva» and the reform of the Spanish theater", in *Hispania*, 53, (1970), S. 397.

13 Vgl. z. B. Schütz, J.: „Das Hauptanliegen des Stückes ist freilich die Kritik an der comedia heroica, von deren überladener und unzusammenhängender Handlung der Zuschauer durch die Dialoge im Café ein Bild gewinnt.", in Neuschäfer, H. -J.: *Spanische Literaturgeschichte*, Stuttgart 2001, S. 207.

14 Dowling, J.: „Estudio sobre La comedia nueva" (1968), zitiert nach Rico, F. (Hg.): *Historia y crítica de la literatura española*, Band 4: Caso González, J. M. (Hg.): *Ilustración y Neoclasicismo*, Barcelona 1983, S. 562.

15 Fernández Cabezón, R.: *Cómo leer a Leandro Fernández de Moratín*, Madrid 1990, S. 77–78.

16 Dies., a.a.O., S. 78.

17 Vgl. hierzu nochmals Dowling, J. (1968), a.a.O., S. 567.

■ Capítulo 4

1 Sebold, R. P.: „Dolor oculto y culto de la risa en la ‚Canción del pirata'" (1985), in Rico, F. (Hg.). *Historia y crítica de la literatura española*, Band 5/1: Zavala, I. M. (Hg.): *Romanticismo y Realismo, primer suplemento*, Barcelona 1994, S. 127.

2 Ebda.

3 Diez Huélamo, B.; Garrote, G.: *Lírica española en lengua castellana*, Madrid 1990, S. 201.

4 Tournay, P.: ‚*La situación de Gustavo Adolfo Bécquer'. Untersuchungen zur manieristischen Struktur der Rimas*, Bonn 1991, S. 7 und 190.

5 Larra, M. J. de: „El día de los Difuntos de 1836. Fígaro en el cementerio", in: *Artículos*, Cátedra, 141, Madrid 1994, S. 396.

6 Huerta Calvo, J.; Alonso Martín, E.: *Literatura española*. BUP 3, Madrid 1993, S. 228.

7 Peguero, A.: „Mariano José de Larra. Vuelva usted mañana", in Pedraza Jiménez, F. B., u. a. (coord.): *Textos Literarios Comentados*, Pamplona 1991, S. 137.

8 Vgl. Stenzel, H.: *Einführung in die spanische Literaturwissenschaft*, Stuttgart 2005, S. 182–185: „Realismus / Naturalismus – Begriffsprobleme und allgemeiner Überblick".

9 Vgl. Wolfzettel, F.: „Alarcón oder die postromantische Suche nach der Wirklichkeit", in ders.: *Der spanische Roman von der Aufklärung bis zur frühen Moderne*, Tübingen 1999, S. 99.

10 Vgl. López-Casanova, A.: „Introducción" zu *El sombrero de tres picos*, Ed. Cátedra, Madrid 1986, S. 41f.

11 Wolfzettel, F., a.a.O., S. 100.

12 Vgl. Baquero Goyanes, M.: „Un marco para «El sombrero de tres picos»", in Amorós, A. (dir.): *El comentario de textos, 3, La novela realista*, Madrid 1979, S. 41–76.

13 Vgl. Gaos, V.: „El acierto de Alarcón: ‚El sombrero de tres picos'", in Zavala, I. M. (Hg.): *Romanticismo y Realismo*, Band 5 von Rico, F. (Hg.): *Historia y crítica de la literatura española*, Barcelona 1982, S. 442–447, S. 446f.: „Los dos primeros capítulos de *El sombrero de tres picos* («De cuándo sucedió la cosa» y «De cómo vivía la gente») a la vez que sirven para enmarcar la acción de la obrita en su momento histórico, son una fina sátira de la España del «antiguo régimen», la anterior a 1808, separada por una «muralla de China» no sólo de la Europa de su tiempo, sino también de la España moderna que surge de resultas de la guerra de la Independencia."

14 Varey, J. E.; Ribbans, G.: *Dos novelas de Galdós: ‚Doña Perfecta' y ‚Fortunata y Jacinta'*, Madrid 1988, S. 89.

15 Zitiert nach Varey, Ribbans, ebda.

16 Vgl. die aufschlussreiche Analyse von Neuschäfer zu *La Regenta* in der von ihm herausgegebenen *Spanische Literaturgeschichte*, Stuttgart / Weimar 2001, S. 290ff.

17 Vgl. Link-Heer, U.: „José Echegaray. *El gran Galeoto*. Glanz und Elend eines Erfolgsdramatikers und Nobelpreisträgers", in Roloff, V.; Wentzlaff-Eggebert, H. (Hg.): *Das spanische Theater vom Mittelalter bis zur Gegenwart*, Düsseldorf 1988, S. 264–273.

18 Vgl. Galán Font, E.; Ferreiro C.: *Claves de Don Juan. Tirso de Molina – José Zorrilla*, Madrid 1990, S. 76ff.

19 Vgl. Neuschäfer, H. -J.: „Zwischen Absolutismus und Liberalismus: die Literatur der spanischen Romantik", in ders. (Hg.): *Spanische Literaturgeschichte*, Stuttgart 2001, S. 239–259, zu *Don Juan Tenorio* speziell S. 247–250. Vgl. auch Briesemeister, D. „José Zorrilla: Don Juan Tenorio", in Roloff, V.; Wentzlaff-Eggebert, H. (Hg.): *Das spanische Theater vom Mittelalter bis zur Gegenwart*, Düsseldorf 1988, S. 251.

20 Vgl. Briesemeister, D., a.a.O., S. 251.

21 Vgl. Neuschäfer, H. -J., a.a.O., S. 249–250.

■ Capítulo 5

1 Vgl. Lindau, H. C.: *España y Europa. Spaniens Selbstverständnis zwischen den Kulturen im Spiegel der Geschichte*, Stuttgart 2006, S. 108–113.

2 Pedraza Jiménez, F. B.; Rodríguez Cáceres, M.: *Manual de literatura española*, Pamplona 1980–1988, Bd. VIII: *Generación de fin de siglo. Introducción, líricos y dramaturgos*, S. 731.

3 Vgl. Sánchez Ferrer, J. L.: *Selectividad Literatura*, Madrid 1996, S. 99.

4 Zit. n. Neuschäfer, H.-J. (Hg.): *Spanische Literaturgeschichte*, Stuttgart ²2001, S. VII.

5 Serra Martínez, E.; Otón Sobrino, A.: *Introducción a la literatura española contemporánea a través del comentario de textos*, Madrid ²1986, S. 112.

6 Gómez de la Serna, R.: *Greguerías. Selección 1910–1960*, Madrid 1977, S. 49.

7 Vgl. Estébanez Calderón, D.: *Diccionario de términos literarios*, Madrid 1996, S. 450–454.

8 Tusón Valls, V.: *Selectividad Literatura*, Madrid 1991, S. 122.

9 Moral, R. del: *Enciclopedia de la novela española*, Barcelona 1999, S. 556.

10 Rey, A.: *Construcción y sentido de «Tiempo de silencio»*, Madrid ³1988, zit. nach Rico, F. (Hg.): *Historia y crítica de la literatura española*, Band 8/1, Sanz Villanueva, S.: *Época contemporánea: 1939–1975*, primer suplemento, Barcelona 1999, S. 474.

11 Varias García, J.: „Luis Martín-Santos: ‚Tiempo de silencio'", in: *Cuadernos de COU y Selectividad*, 10, Madrid 1994, S. 9.

12 Buero Vallejo, A.: „Obligada precisión acerca del ‚Imposibilismo'", in: *Primer Acto*, 15, (1960).

13 Vgl. Sastre, A.: „Teatro imposible y pacto social", in: *Primer Acto*, 14, (1960).

14 Vgl. hierzu Härtinger, H.: *Oppositionstheater in der Diktatur. Spanienkritik im Werk des Dramatikers A. Buero Vallejo vor dem Hintergrund der franquistischen Zensur*, Wilhelmsfeld 1997, S. 120.

15 Floeck spricht in diesem Zusammenhang von einer „tragischen Überhöhung des Sainete", in: „Zwischen Tradition und Avantgarde. Zum dramatischen Werk Antonio Buero Vallejos", in ders. (Hg.): *Spanisches Theater im 20. Jahrhundert*, Tübingen 1990, S. 158.

16 Vgl. Ferreiro Villanueva, I.: *Claves de ‚Historia de una escalera' de Antonio Buero Vallejo*, Madrid 1990, S. 28ff.; Asholt, W.: „Antonio Buero Vallejo. ‚Historia de una escalera'", in Roloff, V.; Wentzlaff-Eggebert, H. (Hg.): *Das spanische Theater vom Mittelalter bis zur Gegenwart*, Düsseldorf 1988, S. 411ff.

17 Vgl. hierzu Härtinger, H., a.a.O., S. 117ff.

18 Vgl. Neuschäfer, H.-J.: „Buero Vallejo entre historia y actualidad: ‚Historia de una escalera' (1949)", in ders.: *Adiós a la España eterna*, Barcelona 1994, S. 145, 148.

19 Vgl. hierzu die Anmerkungen von Ruggeri Marchetti zu den *Crónicas romanas*, Cátedra, 88, Madrid ⁴1990, S. 416, wo sie wörtliche Parallelen zwischen Cervantes und Sastre nachweist.

20 Vgl. San Miguel, A.: „Alfonso Sastre. Crónicas romanas", in Roloff, V.; Wentzlaff-Eggebert, H. (Hg.): *Das spanische Theater. Vom Mittelalter bis zur Gegenwart*, Düsseldorf 1988, S. 423.

21 Vgl. Rico, F. (Hg.): *Mil años de Poesía Española. Antología comentada*, Barcelona 1998, S. 934.

22 Debicki, A. P.: *Historia de la poesía española del siglo XX desde la modernidad hasta el presente*, Madrid 1997, S. 193.

23 Vgl. Castellet, J. M.: *Nueve novísimos poetas españoles*, Barcelona 1970.

24 Vgl. Martínez de Mingo, L. u. a. (Hg.): *Poemas memorables. Antología consultada y comentada (1939–1999)*, Madrid 1999, S. 247.

7. Vocabulario

A

abarcar – umfassen
abulia – Willensschwäche
acertado – gelungen, geglückt
adaptación – Bearbeitung
afán de saber – Wissensdrang
agotado – erschöpft, aufgebraucht
agudo – letzte Silbe betont
aislamiento – Isolation
alabanza – Lob
alcahueta – Kupplerin
alejandrino – Vierzehnsilber
altisonante – hochtönend
alusión – Anspielung
amago – Drohung, Vorbote
anhelo – Streben, Sehnsucht
antecedente – Vorläufer
antítesis – Antithese
antología – Sammlung
apasionante – leidenschaftlich
ápice – Spitze
apócrifo – apokryph, gefälscht
apogeo – Höhepunkt
apóstrofe – feierliche Anrede
arraigado – verwurzelt
arrepentimiento – Reue
artificio – Kunstgriff
asindético – unverbunden
astuto – gewitzt, schlau
auge – Aufschwung
aullar – heulen, jaulen
auto sacramental – Sakramentalspiel

B

barroco tardío – Spätbarock
Bella Durmiente – Dornröschen
boga, estar en – in Mode sein
brujería – Zauberei, Hexerei
bucólico – Hirten-, Schäfer-
burgués – bürgerlich
burlesco – burlesk, possenhaft
búsqueda – Suche

C

caber duda – Zweifel bestehen
caciquismo – Bonzentum
calambur – Kalauer
cantar de gesta – Heldenlied
cargo político – politisches Amt
cartapacio – Schreibheft, Notizbuch
carro – Wagenbühne
catedrático – Lehrstuhlinhaber
cautivador – fesselnd, faszinierend
chabola – Elendshütte
cima – Gipfel (fig.)
cínico – zynisch
clave – Schlüssel- (fig.)
cofradía – Bruderschaft
coherente – zusammenhängend
coincidir con – übereinstimmen mit
coloquio – Unterredung
comedia de capa y espada – Mantel- und Degenkomödie
comicidad – Komik
cómico – Schauspieler (Theater)
comprometido – engagiert
cómputo silábico – Silbenzählung
conceptismo – manierierte Schreibart
conducta – Verhalten, Benehmen
confidente – Vertrauter, vertraut
conjuración – Verschwörung
consagrado – ausgezeichnet
constitución – Verfassung
contemporáneo – zeitgenössisch
contenido – Inhalt
contrarreforma – Gegenreformation
convidado de piedra – steinerner Gast
convulsión – Krise, Umwälzung
cónyuges – Ehegatten
copla – Strophe(nform)
cordura – Vernunft, Klugheit
corral – Hof (offenes Theater)
corriente – Strömung
cortesano – höfisch
costumbres – Sitten, Bräuche
costumbrismo – Sittenschilderung (lit.)
cotidiano – alltäglich
cuarteto – Quartett
culminación – Höhepunkt
culterano – schwülstig, geziert
cuna – Wiege

D

declive – Niedergang, Verfall
deleite – Vergnügen, Ergötzen
deplorable – bedauernswert
desarraigado – entwurzelt (fig.)
descartar – ausschließen
desengaño – Enttäuschung
desenlace – Ausgang, Ende
despreciar – verachten
destacar – herausragen
detallar – ausführen, erläutern
devoción – Gottergebenheit
diario – Tagebuch

dieciochesco – aus dem 18. Jh.
difundirse – sich verbreiten
discurso – Abhandlung, Vortrag
disfraz – Verkleidung
divino – göttlich
docto – gelehrt
drama de honor – Ehrendrama

E

Edad Media – Mittelalter
editorial – Verlag
efímero – kurzlebig, vergänglich
égloga – Hirtengedicht, Ekloge
eje – Achse
elaboración – Aus-, Bearbeitung
elegía – Elegie, Klagelied
encabalgamiento – Zeilensprung
endecasílabo – Elfsilber
enfático – emphatisch
ensayo – Essay
entremés – Zwischenspiel (Theater)
epígono – Epigone, Nachahmer
erudito – gelehrt, gebildet
esbozar – skizzieren
escarmiento – abschreckendes Beispiel
escena suelta – Einzelszene
escenario – Bühne
escindirse – sich spalten
escolástico – scholastisch
escudero – Schildknappe
escuela poética – Dichterschule
escueto – knapp, schlicht
esplendor – Glanz
esquela mortuoria – Todesanzeige
esquema de rimas – Reimschema
estallar – ausbrechen (Krieg)
estamentos – Stände
estancamiento – Stagnation
estancia – Stanze
estrechamiento – Verengung
estreno – Uraufführung
estribar sobre – beruhen auf
estribillo – Kehrreim
evidenciar – deutlich machen
exaltación – Verherrlichung
exaltado – überschwänglich
exhortar – ermahnen
exigente – anspruchsvoll

F

fabulista – Fabeldichter
fecundidad – Fruchtbarkeit
fervoroso – inbrünstig
ficticio – fiktiv, erfunden
finalidad – Zielsetzung, Zweck
finisecular – Zeit d. Jahrhundertwende
fomentar – fördern
fugacidad – Vergänglichkeit
función teatral – Theateraufführung
fundar – gründen

G

galán – (jugendlicher) Liebhaber
galeote – Galeerensträfling
género literario – literarische Gattung
genérico – gattungs-
gerontocracia – Herrschaft der Alten
goce – Genuss
gracioso – Witzbold, lustige Person

H

hada – Fee
hazaña – Heldentat
hechicería – Hexerei
heptasílabo – Siebensilber
hereditario – ererbt, erblich
hexadecasílabo – Sechzehnsilber
hidalgo – Ritter, Edelmann
hilo conductor – Leitfaden
hipócrita – Heuchler
historiografía – Geschichtsschreibung
hito – Meilenstein, Markstein
hombría de bien – Rechtschaffenheit
honroso – ehrenhaft
hostil – feindlich

I

Ilustración – Aufklärungszeitalter
ilustración primaria – Frühaufklärung
imprenta – (Buch-)Druck
imprescindible – unerlässlich
inacabado – unvollendet
índole – Art, Charakter
indomado – ungezähmt
informe – (Lage-)Bericht, Gutachten
ininterrumpidamente – ununterbrochen
inminente – bevorstehend, drohend
inmortal – unsterblich
irrefutable – unwiderlegbar
inquieto – unruhig
inquilino – Mieter
insertar – einfügen
invectiva – Schmähschrift

J

jerarquía – Hierarchie
jornada – Akt (Theater)
juego de palabras – Wortspiel
juglar – (fahrender) Spielmann
justificar – rechtfertigen

L

lascivia – Geilheit, Wollust
lazo – Verbindung, Band
legado – Vermächtnis
legajo – (Schriften-)Bündel
lema – Motto
letrado – gelehrt, gebildet
letrilla – kurzes Strophengedicht
leyenda – Legende
libre albedrío – freier Wille
limpieza de sangre – Reinblütigkeit

linaje – Abstammung
llano – vorletzte Silbe betont
loa – kurzes Festspiel
lúdico – spielerisch

M

manolo – Gassenjunge (Madrid)
margen – (Seiten-)Rand
medieval – mittelalterlich
menosprecio – Geringschätzung
mensaje – Botschaft
meta – Ziel
misterio – Mysterienspiel
molde – Muster, Vorbild
mordaz – bissig, spottend
moriscos – Morisken
mozárabes – Mozaraber
mudéjares – Mudejaren
musulmán – muslimisch

N

narrar – erzählen
narrativa – Erzählung, Erzählkunst
nauseabundo – ekelerregend
nexo – Verbindung
novela de caballerías – Ritterroman
novela de entrega – Auftragsroman
novela ejemplar – exemplar. Novelle
novela intercalada – eingeschobene N.
novela pastoril – Schäferroman
novela picaresca – Schelmenroman
núcleo temático – Themenbereich

O

obra cumbre – Meisterwerk
objetivo – Ziel(-setzung)
obra maestra – Meisterwerk
octosílabo – Achtsilber
omnisciente – allwissend
oral – mündlich
oratoria – Redekunst
oriundo; ser de – abstammen von
oscilación – Schwanken

P

paganismo – Heidentum
palpable – spürbar
papel – Rolle (Theater)
paso – kurzes Theaterstück (Lit.)
pastoril – Schäfer-
paulatino – allmählich
pecado – Sünde
pendencia – Streit, Zwist
percibir – wahrnehmen
peregrinaje – Pilgerschaft
petimetre – Geck, Stutzer
plurilingüe – vielsprachig
poner de relieve – hervorheben
posguerra – Nachkriegszeit
postulado – Forderung
póstumo – posthum

precursor – Vorläufer
prefacio – Vorwort
prejuicio – Vorurteil
preliminar – einleitend
preocupación – Sorge
procedimiento – Vorgehensweise
profano – weltlich
propugnar – verfechten
proverbio – Sprichwort, Sinnspruch

Q

queja de amor – Liebesklage
querella – Streit, Gezanke

R

rasgo – (Charakter-)Zug
reanudar – wiederanknüpfen
rebuscado – gekünstelt
recelo – Argwohn
recurso literario – lit. Stilmittel
registro – (sprachl.) Register
reincidencia – Rückfall
relatos de viaje – Reiseberichte
remontarse a – zurückgehen auf
renacimiento – Renaissance
repugnante – abstoßend
reputación – Ansehen
retrato – Portrait
retrospectiva – Rückblick
revelador – aufschlussreich
rima abrazada – umschlingender Reim
ruptura – Bruch

S

sagaz – scharfsinnig
sainete – Schwank, leichtes Lustspiel
sapo – Kröte
secuestrar – entführen
sefardíes – Sepharden
sendos – einzelne, jeweilige
sepultura – Grab
serenata – Serenade, Nachtmusik
serenidad – Heiterkeit
seudónimo – Pseudonym
sextilla – Sechszeiler
Siglo de las Luces – Aufklärung (Lit.)
sinalefa – Verschleifung
sinestesia – Synästhesie
sino – Schicksal
sobrecargado – überladen
solemne – feierlich
someter – unterziehen, unterbreiten
subgénero – Untergattung
supremacía – Vorherrschaft
sutil – subtil, scharf-/feinsinnig

T

tablado – Bühne, Podium
tardofranquismo – Spätfranquismus
telón de fondo – Hintergrund
temerario – verwegen

terceto – Terzett
tertulia – Stammtisch, Gesprächskreis
tetrasílabo – Viersilber
toldo – Markise
tomo – Band
tonadilla – Liedspiel
topar – stoßen, treffen auf
tópico – Topos, Gemeinplatz
torre de marfil – Elfenbeinturm
trama – Handlung
transición – Übergang
traslucir – durchscheinen
trayectoria – Laufbahn, Lebensweg

U
umbral – Schwelle
urbano – städtisch

V
vanguardia – Avantgarde, Vorhut
vanidad – Eitelkeit, Vergänglichkeit
velatorio – Totenwache
venerable – ehrwürdig
venganza – Rache

verdadero – wahrhaftig
verosimilitud – Wahrscheinlichkeit
vicio – Laster
vicisitudes – Wechselfälle
vigor, estar en – in Kraft sein
villancico – Volkslied
vincular – verbinden
visigodos – Westgoten
vistazo, echar un – einen Blick werfen
vulgo – einfaches Volk

X
Alfonso X (décimo) – Alfonso der Zehnte

Y
yacer – liegen, begraben sein
yel (hiel) – Galle
yuxtaposición – Nebeneinanderstellung

Z
zagal – Bursche, Hirtenjunge
zarzuela – volkstümliches Singspiel
zurcidora – (fig.) Kupplerin

Placa conmemorativa con motivo del IV centenario de la publicación de «El Quijote», Plaza de Anaya, Salamanca

8. Soluciones

Capítulo 1
1 – b, 2 – a, 3 – c, 4 – d, 5 – d, 6 – b, 7 – c

Capítulo 2
1 – b, 2 – c, 3 – b, 4 – b, 5 – d, 6 – b, 7 – d, 8 – b, 9 – a, 10 – b, 11 – c, 12 – d

Capítulo 3
1 – c, 2 – b, 3 – a, 4 – b, 5 – c, 6 – d, 7 – c, 8 – a

Capítulo 4
1 – b, 2 – a, 3 – c, 4 – d, 5 – b, 6 – d, 7 – b, 8 – d

Capítulo 5
1 – c, 2 – b, 3 – c, 4 – a, 5 – b, 6 – d, 7 – c, 8 – c, 9 – a, 10 – a, 11 – c, 12 – b, 13 – b, 14 – d

Placa conmemorativa en la Plaza Mayor de Salamanca

9. Bibliografía selecta

■ Historia de la literatura española

Alborg, J. L.: *Historia de la literatura española,* Madrid 1966–1996.

Flasche, H.: *Geschichte der spanischen Literatur,* München 1977–1989.

Pedraza, F. B.; Rodríguez M.: *Manual de la literatura española,* Tafalla 1980ff.

Rico, F. (Hg.): *Historia y crítica de la literatura española,* Barcelona 1980–2000.

García de la Concha, V. (Hg.): *Historia de la literatura española,* Madrid 1996ff.

Neuschäfer, H.-J. (Hg.): *Spanische Literaturgeschichte,* Stuttgart 1997,[2] 2001.

Stenzel, H.: *Einführung in die spanische Literaturwissenschaft,* Stuttgart 2005.

■ Lírica

Siebenmann, G. (Hg.): *Spanische Lyrik des 20. Jahrhunderts,* Stuttgart 1985.

Díez Huélamo, B.; Garrote Bernal, G.: *Obras clave de la lírica española en lengua castellana,* Madrid 1990.

Felten, H., u. a. (Hg.): *Spanische Lyrik von der Renaissance bis zum späten 19. Jahrhundert,* Stuttgart 1990.

Tietz, M. (Hg.): *Die spanische Lyrik. Einzelinterpretationen,* 2 Bände, Frankfurt am Main 1990 und 1997.

Rico, F.: *Mil años de poesía española. Antología comentada,* Barcelona 1998.

López de Abiada, J. M. u. a.: *Poemas memorables. Antología,* Madrid 1999.

Lindau, H. C.: *Glanzlichter spanischer Lyrik,* Bonn 2005.

■ Prosa

Pérez-Rasilla Bayo, E.; Joya Torres, J. M.: *Obras clave de la narrativa española,* Madrid 1990.

Roloff, V.; Wentzlaff-Eggebert, H. (Hg.): *Der spanische Roman vom Mittelalter bis zur Gegenwart,* Stuttgart 1995.

Moral, R. del: *Enciclopedia de la novela española,* Barcelona 1999.

Wolfzettel, F.: *Der spanische Roman von der Aufklärung bis zur frühen Moderne,* Tübingen 1999.

Lindau, H. C.: *Spielarten spanischer Prosa,* Stuttgart 2001.

Alonso, S.: *La novela española en el fin de siglo (1975–2001),* Madrid 2003.

Valls Guzmán, F.: *La realidad inventada. Análisis crítico de la novela española actual,* Barcelona 2003.

■ Teatro

Pörtl, K. (Hg.): *Das spanische Theater. Von den Anfängen bis zum Ausgang des 19. Jahrhunderts,* Darmstadt 1985.

Roloff, V.; Wentzlaff-Eggebert, H. (Hg.): *Das spanische Theater vom Mittelalter bis zur Gegenwart,* Düsseldorf 1988.

Floeck, W. (Hg.): *Spanisches Theater im 20. Jahrhundert,* Tübingen 1990.

Bonnín Valls, I.: *El teatro español desde 1940 a 1980,* Barcelona 1998.

Lindau, H. C.: *Spielarten spanischer Dramatik,* Bonn 2000.

Huerta Calvo, J. (Hg.): *Historia del teatro español,* Madrid 2003.

Huerta Calvo, J.; Peral Vega, E.; Uraiz Tortajada, H.: *Teatro español (de la A a la Z),* Madrid 2005.

Fachada plateresca de la Universidad de Salamanca

El detalle más buscado de la fachada plateresca de la Universidad salmantina: la rana que daba suerte a los estudiantes que la descubrían

Aus unserer Reihe colección azul

In unserer Reihe «colección azul» erscheinen zielsprachige, didaktisierte Überblicksdarstellungen zu Literatur, Geschichte und Landeskunde, die grundlegendes Wissen für den Spanischunterricht in der gymnasialen Oberstufe vermitteln.

Der erste Band der Reihe, «España: su historia explicada», zeichnet kompakt und übersichtlich die Geschichte Spaniens von den Anfängen bis in die Gegenwart nach.

Montserrat Varela Navarro
España: su historia explicada
2007, 104 Seiten, ISBN 978-3-89657-723-8
11,80 EUR

Der zweite Band «Las Comunidades Autónomas de España» bietet eine übersichtliche Einführung in die 17 Autonomen Regionen Spaniens. Konstanten der jeweiligen Kapitel sind geographische, sozioökonomische und kulturelle Aspekte.

Hans Christian Lindau
Las Comunidades Autónomas de España.
2008, 128 Seiten, broschiert, ISBN 978-3-89657-736-8
13,80 EUR

Beide Bände zeichnen sich durch besondere Übersichtlichkeit aus: Knappe Resümees der wichtigsten Sachverhalte und eine Randspalte, die einen schnellen Überblick über zentrale Inhalte ermöglicht, erleichtern den Lernprozess. Verständnisfragen, Diskussionsanregungen und weitergehende Rechercheaufträge am Ende jeden Kapitels tragen zur Festigung und Vertiefung des Wissens bei.
Die Reihe richtet sich in erster Linie an Schülerinnen und Schüler allgemeinbildender Schulen und orientiert sich an den inhaltlichen Vorgaben der Lehrpläne.
Mit zahlreichen Bildern und Illustrationen.

Weitere Titel in Vorbereitung:
■ **América Latina: su historia explicada**
■ **La literatura fantástica española e hispanoamericana**
■ **Historia didáctica y ejemplar de la literatura española. Textos**

Aus unserer Reihe Temas básicos

Mit unserer Reihe «Temas básicos» tragen wir der wachsenden Nachfrage nach didaktisch aufbereitetem Textmaterial für den Spanischunterricht Rechnung. Die Sammlungen zeichnen sich durch abwechslungsreiches Textmaterial in diversen Schwierigkeitsgraden sowie durch übersichtliche, zweifarbige Gestaltung aus. Die Länge der Texte ist dem Zeithorizont der Unterrichtsstunden angemessen, die didaktische Bearbeitung entspricht den Erfordernissen modernen Fremdsprachen-unterrichts.
Zu allen Bänden wird ein Lehrer-/Lösungsheft angeboten.

Dinah Stratenwerth
México.
... entre identidad diversa y cultura globalizada
2006, 119 Seiten, broschiert, ISBN 978-3-89657-724-5
11,80 EUR

Angela Cuevas Alcañiz
Andalucía.
La realidad de la tierra del flamenco
2007, 120 Seiten, broschiert, ISBN 978-3-89657-730-6
12,80 EUR

Montserrat Varela Navarro
Madrid.
Metrópoli y crisol de culturas
2008, 144 Seiten, broschiert, ISBN 978-3-89657-734-4
14,80 EUR

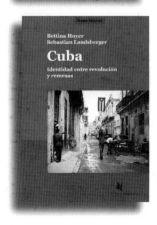

Bettina Hoyer / Sebastian Landsberger
Cuba.
Identidad entre revolución y remesas
2008. 120 Seiten, broschiert, ISBN 978-3-89657-738-2
16,80 EUR

Weitere Titel in Vorbereitung:
Los gitanos. Su realidad y cultura en España
Los jóvenes de España y el sexo